受け身の文

点
合格点：80点／100点

1

(　　)内から適する語を選び，○で囲みなさい。 (4点×4)

(1) English is (speak, spoke, spoken) in many countries.

(2) She (was, are, were) invited to a party last Sunday.

(3) This chair was made (in, on, by) my grandfather.

(4) The book is known (of, to, at) everyone.

2

日本文に合うように，(　　)に適する語を入れなさい。 (6点×8)

(1) 今日では，コンピューターは世界中で使われています。
Today computers (　　　　　) (　　　　　) all over the world.

(2) このカメラは日本で作られました。
This camera (　　　　　) (　　　　　) in Japan.

(3) その宿題はまもなく終わるでしょう。
The homework (　　　　　) (　　　　　) finished soon.

(4) これらの写真はハワイで撮られました。
These pictures (　　　　　) (　　　　　) in Hawaii.

3

日本文に合う英文になるように，(　　)内の語を並べかえなさい。 (12点)

このソフトウェアはいろいろな目的に使用できます。

This software (many, can, used, purposes, for, be).

This software ____________________.

4

〔　　〕内の語句を使って，日本文の意味を表す英文を書きなさい。 (12点×2)

(1) 毎年，多くの人々が京都を訪れます。〔is visited, every year〕

____

(2) この物語は10年前に彼によって書かれたもの〔story, ten years〕

____

得点UP

② (3)未来を表す助動詞を使う。助動詞のあとにくる動詞は原

③ 助動詞 can を使った受け身の文。助動詞のあとは〈be 動詞＋過去分詞〉の語順。

受け身の疑問文・否定文

点
合格点：80点／100点

1　(　　)内から適する語を選び，◯で囲みなさい。　(6点×3)

(1)　(Do, Did, Is) English used in your country?

(2)　Comic books (don't, wasn't, weren't) sold at that store.

(3)　Was this room (cleans, cleaned, cleaning) yesterday?

2　(　　)に適する語を入れて，会話文を完成しなさい。　(8点×4)

(1)　*A*：Was this cake made by your sister?
　　B：No, it (　　　　　). It (　　　　　) made by my mother.

(2)　*A*：Was the chorus contest《合唱コンクール》 held last November?
　　B：Yes, it (　　　　　). My class won《win(勝つ)の過去形》 first prize.

(3)　*A*：Who was invited to the party?
　　B：Ken and I (　　　　　). We enjoyed it very much.

3　日本文に合う英文になるように，(　　)内の語を並べかえなさい。　(12点×2)

(1)　この動物は英語で何と呼ばれていますか。
　　(animal, in, called, is, this, what) English?
　　______________________________ English?

(2)　これらの写真は彼が撮ったのではありません。
　　(pictures, taken, not, these, were, by) him.
　　______________________________ him.

4　〔　　〕内の語句を使って，日本文の意味を表す英文を書きなさい。　(13点×2)

(1)　ニュージーランドでは英語は話されていますか。　〔is, in New Zealand〕
　　______________________________

(2)　このタワーはいつ建てられましたか。　〔when, this tower〕
　　______________________________

得点UP

4　(1)現在の受け身の疑問文。speak(話す)の過去分詞は spoken。
(2)過去の受け身の疑問文。build(建てる)の過去分詞は built。

いろいろな文型

点

合格点：75 点 ／ 100 点

1 日本文に合うように，（　　）に適する語を入れなさい。 （5点×10）

(1) 健のお父さんはとても親切そうに見えます。

Ken's father (　　　　　　) very (　　　　　　).

(2) その歌はいつも私たちを陽気にします。

The song always (　　　　　　) (　　　　　　) cheerful《快活な，陽気な》.

(3) おじがぼくに新しい辞書を送ってくれました。

My uncle (　　　　　　) (　　　　　　) a new dictionary.

(4) ボブは，自分は忙しいと私に言いました。

Bob (　　　　　　) me (　　　　　　) he was busy.

(5) あなたはその人形に何という名前をつけましたか。

(　　　　　　) did you (　　　　　　) the doll《人形》?

2 意味の通る英文になるように，（　　）内の語句を並べかえなさい。 （8点×3）

(1) I don't like taking tests. (me, make, nervous《不安になっている》, they)

____

(2) Tomorrow is your birthday. (a present, you, give, I'll)

____

(3) Her name is Ayano. (her, her friends, Aya, call)

____

3 〔　　〕内の語句を使って，日本文の意味を表す英文を書きなさい。 （13点×2）

(1) 佐藤先生(Mr. Sato)は私の答えが正しいことを彼らに示してくれました。
〔showed, was right〕

____

(2) あなたはどうしてそんなにうれしかったのですか。〔what, so happy〕

____

得点UP

3 (1) show *A B* ＝「A に B を示す」の *B* に that …のまとまりがくる形。
(2)「あなたはどうしてそんなにうれしかったのですか」→「何があなたをそんなにうれしくさせたのですか」。

「継続」を表す現在完了形

点
合格点：74点／100点

1 (　　)内から適する語を選び，○で囲みなさい。 (4点×4)

(1) I've (study, studied, studying) English for three years.

(2) I have (live, stay, been) in Tokyo since I was born《生まれた》.

(3) Mr. Davis (have, has) worked here (for, since) 2018.

2 日本文に合うように，(　　)に適する語を入れなさい。 (4点×10)

(1) 私は長い間，犬をほしいと思っています。

I (　　　　) (　　　　) a dog (　　　　) a long time.

(2) 昨日からずっとくもっています。

It (　　　　) (　　　　) cloudy (　　　　) yesterday.

(3) 私は5歳のときからずっとこのピアノを使っています。

(　　　　) (　　　　) this piano since I was five.

(4) 私は4年間テニスをしています。

I (　　　　) (　　　　) tennis for four years.

3 〔　　〕内の語句を使って，日本文の意味を表す英文を書きなさい。 (11点×4)

(1) 彼とは2年前からの知り合いです。〔I've, for〕

____

(2) 私の父は1年間ずっとアメリカにいます。〔been, America, a year〕

____

(3) 彼は子どものときからずっと神戸(Kobe)に住んでいます。〔lived, child〕

____

(4) 私は先週からずっと忙しい。〔been, last week〕

____

得点UP

2 (3)現在完了形〈**have ＋過去分詞**〉の形で表すが，空所の数から〈主語＋ have〉は**短縮形**を使う。

3 (1)「私は彼を2年間ずっと知っています」ということ。現在完了形を使って表す。

「継続」の疑問文・否定文

点
合格点：80点／100点

1　(　　)内から適する語を選び，○で囲みなさい。　(4点×3)

(1) (Do, Are, Have) you lived here for a long time?

(2) He (doesn't, didn't, hasn't) eaten anything since this morning.

(3) How long have you (be, been, being) in Kyoto?

2　日本文に合うように，(　　)に適する語を入れなさい。　(6点×9)

(1) 彼はこの前の月曜日からずっと忙しいのですか。
(　　　　) he (　　　　) busy since last Monday?

(2) 私は昨日からマイクに会っていません。
I (　　　　) (　　　　) Mike since yesterday.

(3) その犬はどれくらいの間ここにいるのですか。
(　　　　) (　　　　) (　　　　) the dog been here?

(4) あなたは彼とは長年の知り合いですか。
(　　　　) you (　　　　) him for many years?

3　(　　)に適する語を入れて，会話文を完成しなさい。　(4点×4)

(1) *A*：Has it been cold since yesterday?
B：No, it (　　　　). Yesterday wasn't so cold.

(2) *A*：How long have you lived in this city, Kate?
B：(　　　　) (　　　　) here (　　　　) five years.

4　〔　　〕内の語句を使って，日本文の意味を表す英文を書きなさい。　(9点×2)

(1) 彼女は昨年からずっとそのチームにいるのですか。〔been on the team, since〕

____

(2) 私は長い間このラケットを使っていません。〔used, for a long time〕

____

得点UP

2 (4)「あなたは彼を何年もの間，知っているのですか」と考える。
3 (2)現在完了形〈have＋過去分詞〉を使って「**期間**」を答える。空所の数に注意する。

「経験」を表す現在完了形

点

合格点：78点／100点

1　(　　)内から適する語句を選び，◯で囲みなさい。　(4点×4)

(1) I've (use, used, using) this computer before.

(2) Miki (play, is played, has played) *shogi* once.

(3) Bob has (go, visit, been) to Kyoto three times.

(4) I (see, saw, have seen) Ms. Green yesterday.

2　日本文に合うように，(　　)に適する語を入れなさい。　(5点×12)

(1) 私は以前その本を読んだことがあります。
I (　　　　) (　　　　) the book before.

(2) 私の両親は1度ハワイへ行ったことがあります。
My parents (　　　　) (　　　　) to Hawaii《ハワイ》 once.

(3) トムは何度もその歌を歌ったことがあります。
Tom (　　　　) (　　　　) the song many (　　　　).

(4) 私たちは2度富士山に登ったことがあります。
We (　　　　) (　　　　) Mt. Fuji (　　　　).

(5) 私は1度その町を訪れたことがあります。
(　　　　) (　　　　) the town once.

3　〔　　〕内の語句を使って，日本文の意味を表す英文を書きなさい。　(8点×3)

(1) 私は以前にこの絵を見たことがあります。　〔seen, before〕

____

(2) 私の父は何度もオーストラリアに行ったことがあります。
〔been, many times〕

____

(3) 私はしばしば彼の名前を聞いたことがあります。　〔often, heard〕

____

得点UP

❶ (4) yesterday は**過去**を表す語。この文は過去の事実を表す文。

❷ 「(今までに)～したことがあります」は，現在完了形〈**have[has]＋過去分詞**〉で表す。

「経験」の疑問文・否定文

点

合格点：80点／100点

1 日本文に合うように，(　　)に適する語を入れなさい。 (6点×12)

(1) あなたは今までに上野動物園を訪れたことがありますか。

(　　　　　) you (　　　　　) visited Ueno Zoo?

(2) 彼は1度もメールを送ったことがありません。

He (　　　　　) (　　　　　) (　　　　　) an e-mail.

(3) あなたは英語で手紙を書いたことがありますか。

(　　　　　) you ever (　　　　　) a letter in English?

(4) あなたは今までにそこへ何回行ったことがありますか。

How many (　　　　　) (　　　　　) you been there?

(5) 私はジムと1度もテニスをしたことがありません。

(　　　　　) (　　　　　) (　　　　　) tennis with Jim.

2 (　　)に適する語を入れて，会話文を完成しなさい。 (6点×2)

(1) *A*：Have you ever visited Sapporo?

B：No, I (　　　　　). I'd like to go there someday《(未来の) いつか》.

(2) *A*：Have you ever played chess《チェス》?

B：Yes, I (　　　　　). Mike taught me how to《～のしかた》 play it.

3 日本文に合う英文になるように，(　　)内の語句を並べかえなさい。 (8点×2)

(1) あなたは何回その映画を見たことがありますか。

(the movie, you, many, seen, have, how, times)

____

(2) 私は1度も外国へ行ったことがありません。

(a foreign, I, to, country, never, been, have)

____

得点UP

1 (2)「1度も～したことがありません」という「経験」の否定文では，ふつう not よりも強い否定を表す語を使う。
(4)「何回～したことがありますか」は **How many times** で始める。

「完了」を表す現在完了形

点

合格点：80点／100点

1 日本文に合うように，(　　)に適する語を入れなさい。　(4点×13)

(1) 駅へ行くバスはちょうど出発したところです。
The bus to the station (　　　　) just (　　　　).

(2) あなたはもうその本を読んでしまいましたか。
(　　　　) you (　　　　) the book (　　　　)?

(3) 彼らはまだホテルに着いていません。
They (　　　　) (　　　　) to the hotel (　　　　).

(4) 私たちはちょうどその店へ行ってきたところです。
We (　　　　) just (　　　　) to the store.

(5) サムはすでに私の質問に答えてしまいました。
Sam (　　　　) (　　　　) (　　　　) my question.

2 日本文に合う英文になるように，(　　)内の語句を並べかえなさい。　(8点×3)

(1) 私はたった今ここに着いたところです。　I (here, arrived, just, have).
I ＿＿＿＿＿＿＿＿＿＿＿＿＿＿＿＿.

(2) 宿題はもうしましたか。　(your homework, you, have, yet, done)
＿＿＿＿＿＿＿＿＿＿＿＿＿＿＿＿＿＿

(3) 私はまだ昼食を食べていません。　I (lunch, not, have, yet, had).
I ＿＿＿＿＿＿＿＿＿＿＿＿＿＿＿＿.

3 〔　　〕内の語を使って，日本文の意味を表す英文を書きなさい。　(12点×2)

(1) 彼はもう自分の部屋をそうじしましたか。　〔cleaned, yet〕
＿＿＿＿＿＿＿＿＿＿＿＿＿＿＿＿＿＿

(2) 私はまだ自分の仕事を終えていません。　〔finished, yet〕
＿＿＿＿＿＿＿＿＿＿＿＿＿＿＿＿＿＿

得点UP

1 (4)「**～へ行ってきたところだ**」は，go ではなく **be 動詞の過去分詞**を使って表す。
3 「完了」を表す現在完了形の**疑問文・否定文**では，それぞれ異なる意味で yet を使う。

現在完了進行形

点

合格点：74 点／100 点

1

（　　）内から適する語句を選び，◯で囲みなさい。（4点×4）

(1) I've been（waited, waiting, to wait）for him since this morning.

(2) Jun has been（played, playing, to play）games since he got home.

(3) Have you（studies, studying, been studying）for two hours?

(4) I've（known, knowing, been knowing）Erika for eight years.

2

日本文に合うように，（　　）に適する語を入れなさい。（6点×7）

(1) だれかが今までずっとこの部屋を使っていました。

Someone has（　　　　）（　　　　）this room.

(2) 5時間ずっと雨が降り続いています。

It（　　　　）（　　　　）（　　　　）for five hours.

(3) 最近はずっとこのコンピューターの調子がよくありません。

This computer（　　　　）（　　　　）working well recently《最近》.

3

（　　）に適する語を入れて，会話文を完成しなさい。（6点×4）

(1) *A* : Good morning, Yuka. Sorry I'm late.

B : You're late! I've（　　　　）（　　　　）for you for 30 minutes.

(2) *A* :（　　　　）（　　　　）has Bob been swimming?

B : I think he's been swimming for almost an hour.

4

〔　〕内の語句を使って，日本文の意味を表す英文を書きなさい。（9点×2）

(1) 絵美(Emi)は2時間ずっとテレビを見ています。〔watching, two hours〕

____

(2) 私は今朝からずっと勉強しています。〔studying, since〕

____

得点UP

3 (2)「ボブはどれくらいの間，泳ぎ続けていますか」という意味の文。

4 「(今まで)ずっと～している」は現在完了進行形で表せる。

疑問詞+to　～

点

合格点：76 点／100 点

1　日本文に合うように，(　　)に適する語を入れなさい。　(4点×13)

(1)　あなたはメールの送り方を知っていますか。

Do you know (　　　　　) (　　　　　) send e-mails?

(2)　私は何について話したらよいのかわかりません。

I don't know (　　　　　) (　　　　　) talk about.

(3)　彼はそのときどうしたらよいのかわかりませんでした。

He didn't know (　　　　　) (　　　　　) (　　　　　) then.

(4)　彼にいつ電話をかければよいか私に教えて。

Tell (　　　　　) (　　　　　) (　　　　　) call him.

(5)　彼女は漢字の書き方を学んでいます。

She's learning (　　　　　) (　　　　　) (　　　　　) kanji.

2　日本文に合う英文になるように，(　　)内の語を並べかえなさい。　(12点×2)

(1)　父は私にチェスのやり方を教えてくれました。

My father (chess, to, me, play, taught, how).

My father ______________________________.

(2)　いつ始めればよいのか私たちに教えてください。

Please (us, to, when, start, tell).

Please ______________________________.

3　〔　　〕内の語句を使って，日本文の意味を表す英文を書きなさい。　(12点×2)

(1)　このコンピューターの使い方がわかりません。　〔to use, computer〕

____

(2)　それらの本をどこで買えばよいかわかりますか。　〔to buy, those books〕

____

得点UP

1 (3)「どうしたらよいのか」→「何をすればよいのか」と考える。動詞は「する」の意味を表す do を使う。

3 (2)「どこで買えばよいか」を表す〈疑問詞＋ to ～〉を考える。

It … to ～. / too … to ～

点

合格点：80点／100点

1 日本文に合うように，(　　)に適する語を入れなさい。（6点×10）

(1) 本をたくさん読むことは大切です。

(　　　　　) is important (　　　　　) read a lot of books.

(2) 私たちにとってそれを理解するのは難しいです。

(　　　　　) difficult (　　　　　) us to understand it.

(3) 寒すぎて私たちは泳げませんでした。

It was (　　　　　) cold for us (　　　　　) swim.

(4) あなたにとってこれを訳すのは簡単ですか。

Is (　　　　　) easy for you (　　　　　) translate《翻訳する》 this?

(5) その本は十分にやさしいので私にも読めます。

The book is easy (　　　　　) for me (　　　　　) read.

2 日本文に合う英文になるように，(　　)内の語句を並べかえなさい。（8点×2）

(1) 私にはそんなに早く起きるのは難しいです。

(hard, me, to, for, get, it, up, so, is) early.

______________________________ early.

(2) 彼は仕事が忙しすぎてテレビを見ることができませんでした。

He was (busy, to, his work, watch, too, with) TV.

He was ______________________________ TV.

3 〔　　〕内の語句を使って，日本文の意味を表す英文を書きなさい。（12点×2）

(1) テニスをするのはわくわくします。〔it, to play〕

____

(2) 彼は疲れすぎて歩けませんでした。〔tired, to walk〕

____

得点UP

1 (5)「十分…なので―には～できる」は，〈形容詞＋ enough for ― to ～〉の形で表す。

3 (2)「…すぎて～できない」は too … to ～の形で表す。

want＋人＋to ～, let など

点

合格点：76 点／100 点

1　日本文に合うように，(　　)に適する語を入れなさい。　(5点×12)

(1)　私に電話をかけるように彼女に言ってくださいませんか。

Could you (　　　　　) (　　　　　) (　　　　　) call me?

(2)　自己紹介をさせてください。

(　　　　　) me (　　　　　) myself.

(3)　私はあなたに手伝ってほしい。

I (　　　　　) (　　　　　) (　　　　　) help me.

(4)　私は健がこれらの本を運ぶのを手伝いました。

I (　　　　　) Ken (　　　　　) these books.

(5)　母は私にその箱を開けないように言いました。

My mother told me (　　　　　) (　　　　　) open the box.

2　日本文に合う英文になるように，(　　)内の語を並べかえなさい。　(9点×2)

(1)　私がいっしょに買い物に行きましょうか。

Do (me, you, go, want, to, shopping) with you?

Do ＿＿＿＿＿＿＿＿＿＿＿＿＿＿＿＿ with you?

(2)　私はトムに英語を教えてくれるように頼むつもりです。

I'll (English, Tom, teach, ask, to, me).

I'll ＿＿＿＿＿＿＿＿＿＿＿＿＿＿＿＿.

3　〔　　〕内の語句を使って，日本文の意味を表す英文を書きなさい。　(11点×2)

(1)　私の友人たちは，私にギターをひくように頼みました。　〔asked, to play〕

＿＿＿＿＿＿＿＿＿＿＿＿＿＿＿＿＿＿＿＿

(2)　母は私に部屋をそうじするように言いました。　〔told, my room〕

＿＿＿＿＿＿＿＿＿＿＿＿＿＿＿＿＿＿＿＿

得点UP

1　(5)「～しないように言う」は，to ～ の前に not をおく。

2　(1)「あなたは私にあなたといっしょに買い物に行ってほしいですか」と考える。

5　後置修飾

名詞を修飾するing形・過去分詞

点
合格点：80 点／100 点

1 日本文に合うように，(　　)に適する語を入れなさい。 (8点×6)

(1) あそこを走っている女の子を知っていますか。
Do you know the (　　　　　) (　　　　　) over there?

(2) 私たちは去年建てられた大きなホテルに泊まりました。
We stayed at a big hotel (　　　　　) last year.

(3) グリーン先生のとなりにすわっている男の人はだれですか。
Who is the man (　　　　　) next to Ms. Green?

(4) 犬を連れて散歩している女の人は私の母です。
The woman (　　　　　) with the dog is my mother.

(5) その子どもたちが使っていた部屋はとても小さかった。
The room (　　　　　) by the children was very small.

2 日本文に合う英文になるように，(　　)内の語句を並べかえなさい。 (12点×2)

(1) 私たちはナンシー(Nancy)が作った夕食を楽しみました。
We (the dinner, by, enjoyed, cooked, Nancy).
We ＿＿＿＿＿＿＿＿＿＿＿＿＿＿＿＿＿＿＿＿.

(2) 彼らと話している女の子はトムの妹です。
(them, sister, the girl, is, with, talking, Tom's)
＿＿＿＿＿＿＿＿＿＿＿＿＿＿＿＿＿＿＿＿＿＿＿＿

3 〔　　〕内の語句を使って，日本文の意味を表す英文を書きなさい。 (14点×2)

(1) 健(Ken)には京都に住んでいるおじがいます。〔an uncle, living〕
＿＿＿＿＿＿＿＿＿＿＿＿＿＿＿＿＿＿＿＿＿＿＿＿

(2) 英語は多くの国で話される言語です。〔a language spoken〕
＿＿＿＿＿＿＿＿＿＿＿＿＿＿＿＿＿＿＿＿＿＿＿＿

得点UP

❶「～している…」は ing 形，「～された…」は**過去分詞**を使って表す。
❸「～に住んでいるおじ」は ing 形，「～で話される言語」を過去分詞を使って表す。

名詞を修飾する〈主語+動詞〉

点
合格点：75 点／100 点

1 日本文に合うように，（　）に適する語を入れなさい。 (5点×10)

(1) これは私が書いた手紙です。
This is a letter (　　　　) (　　　　).

(2) 父が私にくれたかばんはとても役に立ちます。
The bag my father (　　　　) (　　　　) is very useful.

(3) 昨日私が買った本を見ましたか。
Did you see the book (　　　　) (　　　　) yesterday?

(4) ジャック(Jack)が私たちにしてくれた話はおもしろかった。
The story (　　　　) (　　　　) us was interesting.

(5) これが私が先週見つけたカフェです。
This is the cafe (　　　　) (　　　　) last week.

2 次の２文の内容を１文で表すとき，（　）に適する語を入れなさい。 (6点×5)

(1) This is the e-mail. I received it yesterday.
This is the e-mail (　　　　) (　　　　) yesterday.

(2) I saw some temples in this city. They were very old.
The temples (　　　　) (　　　　) in this city were very (　　　　).

3 日本文に合う英文になるように，（　）内の語句を並べかえなさい。 (10点×2)

(1) あなたが駅で見た女性は私の母です。
(the station, saw, the woman, you, at, is) my mother.
＿＿＿＿＿＿＿＿＿＿＿＿＿＿＿＿ my mother.

(2) あなたは明日，何かしたいことはありますか。
Is there (you, do, want, anything, to, tomorrow)?
Is there ＿＿＿＿＿＿＿＿＿＿＿＿＿＿＿＿?

得点UP
2 (2)「私がこの街で見た寺はとても古かった」という意味の１文にする。
3 (1)「あなたが駅で見た女性」までを主語にして表す。

関係代名詞 （主格 who）

点

合格点：80点／100点

1 (　　)内から適する語句を選び，○で囲みなさい。 (3点×3)

(1) I have a friend (what, which, who) speaks English well.

(2) Jiro is the boy who (like, likes, is liked) swimming.

(3) She is the girl (plays, play, who plays) tennis well.

2 2文を関係代名詞 who を使って1文で表すとき，(　　)に適する語を入れなさい。

(1) Natsume Soseki is the writer. He wrote *Botchan*. (8点×8)

Natsume Soseki is the writer (　　　　) (　　　　) *Botchan*.

(2) I have an uncle. He lives in New York.

I have an uncle (　　　　) (　　　　) in New York.

(3) She's a musician. She's known to everyone.

She's a musician (　　　　) (　　　　) known to everyone.

(4) The boy is Ken. He came to the party yesterday.

The boy (　　　　) (　　　　) to the party yesterday is Ken.

3 日本文に合う英文になるように，(　　)内の語句を並べかえなさい。 (9点×3)

(1) 私たちにはピアノをひける人が必要です。

We need (a person, play, can, who, the piano).

We need ______________________________.

(2) 髪の長い女の子を見てごらん。

Look at (the girl, hair, long, has, who).

Look at ______________________________.

(3) 魚を好まない人もいます。

There are (people, like, who, fish, don't, some).

There are ______________________________.

得点UP

3 (2)「長い髪を持つ女の子」と考え，〈名詞(先行詞)＋**主格の関係代名詞**＋動詞～〉の形で表す。
(3)「魚が好きではない人々」を〈名詞(先行詞)＋**主格の関係代名詞**＋ don't ＋動詞～〉の形で表す。

関係代名詞 (主格 which・that)

点

合格点：74 点／100 点

1 (　　)内から適する語を選び，○で囲みなさい。 (3点×3)

(1) That is a store (who, what, which) opened last Sunday.

(2) This is the picture (who, that, what) was painted by him.

(3) I want a house which (have, has, is) large windows.

2 2文を〔　　〕内の関係代名詞を使って1文で表すとき，(　　)に適する語を入れなさい。 (8点×8)

(1) That's the bus. It goes to the hospital. 〔which〕

That's the bus (　　　　　) (　　　　　) to the hospital.

(2) I have some books. They are good for children. 〔that〕

I have some books (　　　　　) (　　　　　) good for children.

(3) This is a letter. It was written by Tom. 〔which〕

This is a letter (　　　　　) (　　　　　) written by Tom.

(4) This is the song. It made her famous. 〔that〕

This is the song (　　　　　) (　　　　　) her famous.

3 日本文に合う英文になるように，(　　)内の語句を並べかえなさい。 (9点×3)

(1) 伊藤さんは大きい庭がある家に住んでいます。

Ms. Ito lives in (garden, a house, has, large, which, a).

Ms. Ito lives in ______________________________.

(2) ここに銀行へ行く道を示している地図があります。

Here's (shows, the way, a map, which) to the bank.

Here's ______________________________ to the bank.

(3) これは私たちを悲しくさせる映画です。

This is (makes, a movie, us, that, sad).

This is ______________________________.

得点UP

2 (1)「病院へ行くバス」，(2)「子どものためによい本」という意味になるように関係代名詞でつなぐ。

3 (3)「A を B にする」は make *A B* の形で表す。

関係代名詞 （目的格）

点

合格点：76 点／100 点

1 （　　）内から適する語を選び，○で囲みなさい。 （5点×2）

(1) This is a letter (who, what, which) I received yesterday.

(2) The girl (which, whose, that) I met there was very kind.

2 2文の内容を〔　　〕内の関係代名詞を使って1文で表しなさい。 （10点×2）

(1) I saw the movie last week. It was exciting. 〔which〕

The movie ＿＿＿＿＿＿＿＿＿＿＿＿＿＿＿＿ exciting.

(2) This is the boy. I met him at the party. 〔that〕

This is ＿＿＿＿＿＿＿＿＿＿＿＿＿＿＿＿ at the party.

3 日本文に合う英文になるように，（　　）内の語句を並べかえなさい。 （14点×2）

(1) あなたのいちばん好きなスポーツを私に話して。

Tell (the sport, like, me, you, which) the best.

Tell ＿＿＿＿＿＿＿＿＿＿＿＿＿＿＿＿ the best.

(2) 私があなたのためにできることは何かありますか。

Is there (do, I, anything, that, can) for you?

Is there ＿＿＿＿＿＿＿＿＿＿＿＿＿＿＿＿ for you?

4 〔　　〕内の語句を使って，日本文の意味を表す英文を書きなさい。 （14点×3）

(1) 私が昨日読んだ本はおもしろかった。 〔the book, which〕

＿＿＿＿＿＿＿＿＿＿＿＿＿＿＿＿＿＿＿＿＿＿＿＿

(2) 札幌(Sapporo)は私が訪れたい都市の1つです。 〔one of the cities, that〕

＿＿＿＿＿＿＿＿＿＿＿＿＿＿＿＿＿＿＿＿＿＿＿＿

(3) 彼が撮った写真はとてもきれいでした。 〔the pictures, that〕

＿＿＿＿＿＿＿＿＿＿＿＿＿＿＿＿＿＿＿＿＿＿＿＿

得点UP

❷ (1)「私が先週見た映画は…」，(2)「私がパーティーで会った少年」という意味になるように関係代名詞でつなぐ。

❹ 〔　　〕内で指定されている関係代名詞のあとに〈主語＋動詞〉のまとまりを続ける。

間接疑問 / 付加疑問

点
合格点：76点／100点

1　(　　)内から適する語を選び，◯で囲みなさい。　(4点×4)

(1)　I don't know (when, where, what) is in the box.

(2)　Do you know (what, who, why) Tom is angry?

(3)　I can't remember (what, who, when) I lost my wallet.

(4)　Your sister has a computer, (isn't, doesn't, didn't) she?

2　日本文に合うように，(　　)に適する語を入れなさい。　(6点×6)

(1)　あなたはその少年がどうやってここに来たのか知っていますか。
Do you know (　　　　) the boy (　　　　) here?

(2)　伊藤さんは昨日買い物に行きましたね。
Ms. Ito went shopping yesterday, (　　　　) (　　　　)?

(3)　あなたはボブがどこの出身か知っていますか。
Do you know (　　　　) Bob is (　　　　)?

3　意味の通る英文になるように，(　　)内の語を並べかえなさい。　(10点×2)

(1)　I don't know (time, is, what, it, now).
I don't know ＿＿＿＿＿＿＿＿＿＿＿＿＿＿＿＿.

(2)　Do you know (birthday, when, Kumi's, is)?
Do you know ＿＿＿＿＿＿＿＿＿＿＿＿＿＿＿＿?

4　〔　　〕内の語句を使って，日本文の意味を表す英文を書きなさい。　(14点×2)

(1)　あなたは彼女がだれなのか知っていますか。〔know, who〕

＿＿＿＿＿＿＿＿＿＿＿＿＿＿＿＿＿＿＿＿

(2)　私は彼女がどこでその本を買ったのか知りたいのです。
〔want to, where〕

＿＿＿＿＿＿＿＿＿＿＿＿＿＿＿＿＿＿＿＿

得点UP
3　(1)「今，何時かわかりません」，(2)「久美の誕生日がいつか知っていますか」の文。
4　(2)「～を知りたい」は want to know ～。知りたい内容を間接疑問で表す。

仮定法

点

合格点：77 点／100 点

1　(　　)内から適する語句を選び，◯で囲みなさい。 (4点×4)

(1) I wish I (am, were) a little taller.

(2) I wish I (can speak, could speak) all languages in the world.

(3) If I (be, were) you, I would go to the hospital right now.

(4) If it were sunny today, I (will go, would go) swimming.

2　日本文に合うように，(　　)に適する語を入れなさい。 (6点×10)

(1) このタブレットがもう少し安ければいいのに。

I (　　　　　) this tablet were a little cheaper.

(2) もっとずっと速く泳げたらいいのに。

I (　　　　　) I (　　　　　) swim much faster.

(3) もし時間があれば，あなたといっしょに行くのですが。

If I (　　　　　) time, I (　　　　　) go with you.

(4) もし私が理科が得意だったら，あなたに教えてあげられるのですが。

If I (　　　　　) good at science, I (　　　　　) teach you.

(5) もし私があなただったら，そんなものは買わないでしょう。

If I (　　　　　) you, I (　　　　　) (　　　　　) such a thing.

3　〔　　〕内の語句を使って，日本文の意味を表す英文を書きなさい。 (12点×2)

(1) 私にもっと時間があればいいのに。

〔wish, more time〕

____

(2) もし私が車を持っていれば，そこに行けるのに。

〔a car, there〕

____

得点UP

1 (1)「私がもう少し背が高ければいいのに」という現実に反する願望を表す文。
(4)「もし今日晴れていれば，泳ぎに行くのに」という現実に反する仮定を表す文。

20 会話表現

点

合格点：76 点 ／ 100 点

1　(　　)に適する語を，下から選んで入れなさい。同じ語は２度使えません。(6点×10)

(1)　もしもし。ポールをお願いします。〔電話で〕

Hello. (　　　　　) I (　　　　　) to Paul, please?

(2)　私といっしょに来ませんか。

(　　　　　) (　　　　　) you (　　　　　) with me?

(3)　何か飲み物はいかがですか。

(　　　　　) you (　　　　　) something to drink?

(4)　なんて美しいのでしょう。

(　　　　　) beautiful!

(5)　なんてかわいい犬でしょう。

(　　　　　) (　　　　　) cute《かわいい》 dog!

would, what, how, why, may, come, like, a, speak, don't

2　次の会話が成り立つように，(　　)に適する文を下から選んで記号を書きなさい。

(10点×4)

(1)　A：Do you want him to call you back?

B：(　　　　　)

(2)　A：Can you pass me the sugar《砂糖》, please?

B：(　　　　　)

(3)　A：Would you like to have lunch with me, Ken?

B：(　　　　　)

(4)　A：Could you tell me how to get to City Hall《市役所》?

B：(　　　　　)

ア　I'd love to.	イ　Sure.　Take Bus No. 6.
ウ　No, I'll call him later.	エ　Sure.　Here it is.

得点UP

2　(1) A は「彼に折り返しあなたに電話をかけさせましょうか」と申し出る文。
(3) A は「～するのはいかがですか」と誘ったり，提案したりするときの文。

21 総復習テスト（英語）

目標時間：20分　　合格点：80点／100点　　点

1 （　　）内から適する語句を選び，○で囲みなさい。（1点×7）

(1) English is（using, uses, used）in many countries.

(2) I've already（cleaned, cleaning, clean）my room.

(3) The girl（stands, stood, standing）by the door is Miki.

(4) How long（is, does, has）Bob lived in Tokyo?

(5) Do you know（what, when, where）Tom will come to Japan?

(6) This is the bus（that, who, where）goes to the station.

(7) My mother let me（go, to go, going）to the event.

2 〔　　〕内の語を適する形にして，（　　）に入れなさい。（2点×5）

(1) Were these pictures（　　　　　）by your uncle?〔take〕

(2) Who's the boy（　　　　　）with Jane?〔talk〕

(3) Have you ever（　　　　　）a whale《くじら》?〔see〕

(4) How long have you been（　　　　　）?〔study〕

(5) This is a book（　　　　　）by our teacher.〔write〕

3 日本文に合うように，（　　）に適する語を入れなさい。（2点×10）

(1) 先週の木曜日からずっと寒いです。
It（　　　　　）（　　　　　）cold since last Thursday.

(2) これは日本製の腕時計です。
This is a watch（　　　　　）（　　　　　）Japan.

(3) お互いを助け合うことは大切です。
（　　　　　）is important（　　　　　）help each other.

(4) 私の母はシンガポールに2度行ったことがあります。
My mother（　　　　　）（　　　　　）to Singapore twice.

(5) 父は私にメールの送り方を教えてくれました。
My father taught（　　　　　）（　　　　　）to send e-mails.

裏面へ

4 次の場面に合う英文になるように，(　　)に適する語を入れなさい。 (2点×10)

(1) 目の前に咲いている花の英語名が知りたいとき。

What (　　　　　) this flower (　　　　　) in English?

(2) 職員室で「佐藤先生にここへ来るように言われて来ました」と説明するとき。

Mr. Sato (　　　　　) me (　　　　　) come here.

(3) これまででいちばん大きな魚を釣り上げて感激したとき。

I (　　　　　) (　　　　　) caught such a big fish before.

(4) ゲームをしている友達に「このレベルをクリアするのは難しいよ」と言うとき。

(　　　　　) is difficult (　　　　　) clear this level.

(5) お金がなくてほしいグッズが買えないことを嘆《なげ》くとき。

I wish (　　　　　) (　　　　　) more money.

5 意味の通る英文になるように，(　　)内の語を並べかえなさい。 (4点×4)

(1) The pie (was, he, good, made, which, very).

The pie ______________________________.

(2) Your speech (happy, will, them, make, very).

Your speech ______________________________.

(3) I don't know (be, what, wants, he, to).

I don't know ______________________________.

(4) I'll ask (play, to, guitar, her, the).

I'll ask ______________________________.

6 〔　　〕内の語句を使って，日本文の意味を表す英文を書きなさい。 (9点×3)

(1) ほかの文化について学ぶことは大切です。 〔it, learn about, cultures〕

____

(2) あなたは私に何をしてほしいのですか。 〔me, do〕

____

(3) 私にはカナダに住んでいる友達が1人います。 〔have, who〕

____

多項式の乗除と乗法公式

点

合格点：79点／100点

1 次の計算をしなさい。

(7点×4)

(1) $2x(3x-2y)$

(2) $(2a-4b+5)\times(-3a)$

(3) $(4xy-6y)\div 2y$

(4) $(6x^2y-xy^2)\div\frac{1}{3}xy$

2 次の式を展開《てんかい》しなさい。

(7点×8)

(1) $(a+2)(b+5)$

(2) $(2x-3)(3x+1)$

(3) $(x+4)(x+7)$

(4) $(x+6)^2$

(5) $(y-5)^2$

(6) $(a+7)(a-7)$

(7) $(x-4y)(x+3y)$

(8) $\left(x+\frac{1}{4}\right)^2$

3 次の計算をしなさい。

(8点×2)

(1) $(x+3)^2+(x+2)(x-3)$

(2) $(x+1)(x-4)-(x+5)(x+2)$

得点UP

❷ (1)展開の基本公式 $(a+b)(c+d)=ac+ad+bc+bd$ を利用する。

❸ まず，乗法の部分を展開して，**同類項をまとめる**。

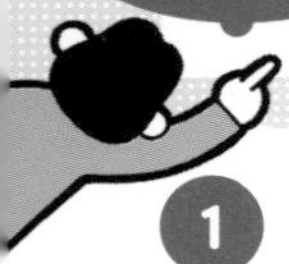

因数分解①

点

合格点：76 点 ／ 100 点

1 次の式を因《いん》数《すう》分《ぶん》解《かい》しなさい。　（6点×6）

(1) $ab+ac$

(2) $4py-6pz$

(3) a^2b+ab^2

(4) $7x^2-21x$

(5) $6ax+3bx-9cx$

(6) $4x^2y-8xy+10xy^2$

2 次の式を因数分解しなさい。　（8点×8）

(1) a^2-9

(2) $x^2-18x+81$

(3) $x^2+10x+25$

(4) $36x^2-121y^2$

(5) $x^2-\dfrac{1}{16}y^2$

(6) $3x^2-18x+27$

(7) $8x^2-2$

(8) $49+14a+a^2$

得点UP

1 共通因数をすべてくくり出し，かっこの中に共通因数が残らないようにする。

2 (8) $a^2+14a+49$ と並び変えて因数分解する。

因数分解②

点

合格点：82点／100点

1 次の式を因数分解しなさい。　(8点×8)

(1) x^2+7x+6

(2) y^2-y-12

(3) x^2+2x-8

(4) $x^2-11x+30$

(5) $x^2+3xy+2y^2$

(6) $2a-48+a^2$

(7) $ax^2+16ax+63a$

(8) $4x^2+4x-80$

2 次の式を因数分解しなさい。　(9点×4)

(1) $9a^2+12ab+4b^2$

(2) $2(a+b)x-3(a+b)$

(3) $(x+2)^2-9$

(4) $(x-1)^2+2(x-1)-15$

得点UP

2 (1)$(3a)^2+2\times3a\times2b+(2b)^2$として，**乗法公式**を利用する。
(4)共通な部分を**1つの文字におきかえて**から，因数分解する。

式の計算の利用

点

合格点：80 点 ／ 100 点

1 次の式を，くふうして計算しなさい。 （13点×4）

(1) 198^2

(2) 39×41

(3) 64^2-36^2

(4) $5\times16^2-5\times14^2$

2 次の式の値《あたい》を求めなさい。 （14点×2）

(1) $x=-14$ のとき，$(x+5)(x-5)-(x+3)(x-8)$

(2) $x+y=13$，$x-y=4$ のとき，x^2-y^2

3 連続する4つの自然数のまん中の2つの数の積は，残りの2つの数の積より2だけ大きくなることを証明しなさい。 （20点）

［証明］

得点UP

1 (1)$198=200-2$ と考えて，**乗法公式**を利用する。

3 連続する4つの自然数を n，$n+1$，$n+2$，$n+3$ などとして証明すればよい。

平方根

点

合格点：80 点／100 点

1 次の数の平方根《へいほうこん》を求めなさい。 （6点×3）

(1) 25　　(2) 0.16　　(3) $\dfrac{4}{81}$

2 次の数の平方根を，根号を使って表しなさい。 （6点×3）

(1) 17　　(2) 0.5　　(3) $\dfrac{2}{3}$

3 次の数を根号《こんごう》を使わずに表しなさい。 （6点×6）

(1) $\sqrt{9}$　　(2) $-\sqrt{49}$　　(3) $\sqrt{(-3)^2}$

(4) $\sqrt{\dfrac{25}{64}}$　　(5) $(\sqrt{6})^2$　　(6) $(-\sqrt{7})^2$

4 次の各組の数の大小を，不等号を使って表しなさい。 （7点×4）

(1) $\sqrt{11}$，$\sqrt{12}$　　(2) 4，$\sqrt{15}$

(3) -3，$-\sqrt{10}$　　(4) $\sqrt{0.1}$，0.1，0.2

得点UP

1 2乗すると a になる数を **a の平方根**という。正の数の平方根は，**正と負の2つある**ことに注意する。

4 (1) $0<a<b$ ならば，$\sqrt{a}<\sqrt{b}$　(3)負の数は，絶対値が大きい数ほど小さい。

平方根の乗除

点

合格点：78 点／100 点

1 次の計算をしなさい。

（6点×4）

(1)　$\sqrt{6}\times\sqrt{7}$

(2)　$\sqrt{3}\times(-\sqrt{5})$

(3)　$\sqrt{56}\div\sqrt{8}$

(4)　$(-\sqrt{20})\div\sqrt{5}$

2 次の(1)，(2)は$\sqrt{a}$の形に，(3)，(4)は$a\sqrt{b}$の形に，(5)，(6)は分母を有《ゆう》理《り》化《か》しなさい。

（6点×6）

(1)　$4\sqrt{3}$

(2)　$6\sqrt{5}$

(3)　$\sqrt{80}$

(4)　$\sqrt{117}$

(5)　$\dfrac{2}{\sqrt{5}}$

(6)　$\dfrac{9}{2\sqrt{3}}$

3 次の計算をしなさい。

（10点×4）

(1)　$\sqrt{6}\times\sqrt{10}$

(2)　$\sqrt{12}\times\sqrt{18}$

(3)　$5\sqrt{2}\div\sqrt{5}$

(4)　$\sqrt{32}\div2\sqrt{3}$

得点UP

1　$a>0$，$b>0$のとき，$\sqrt{a}\times\sqrt{b}=\sqrt{ab}$，$\sqrt{a}\div\sqrt{b}=\sqrt{\dfrac{a}{b}}$

2　(5)分母の根号のついた数を分母と分子にかける。

平方根の加減

点

合格点：80点／100点

1 次の計算をしなさい。　(6点×6)

(1)　$5\sqrt{7}+2\sqrt{7}$

(2)　$5\sqrt{2}+4\sqrt{3}+8\sqrt{2}-3\sqrt{3}$

(3)　$\sqrt{125}-\sqrt{45}$

(4)　$4\sqrt{3}-\sqrt{75}+\sqrt{12}$

(5)　$\dfrac{3}{\sqrt{3}}-\sqrt{27}$

(6)　$\sqrt{3}(\sqrt{15}-2\sqrt{21})$

2 次の計算をしなさい。　(8点×6)

(1)　$\sqrt{15}\times\sqrt{3}\div\sqrt{5}$

(2)　$\sqrt{32}\div\sqrt{50}\div\sqrt{8}$

(3)　$(\sqrt{2}-2)(\sqrt{2}+5)$

(4)　$(\sqrt{3}+\sqrt{5})^2$

(5)　$(\sqrt{6}-3\sqrt{2})^2$

(6)　$(2\sqrt{3}-7)(7+2\sqrt{3})$

3 $x=2-\sqrt{2}$，$y=2+\sqrt{2}$ のとき，次の式の値を求めなさい。　(8点×2)

(1)　x^2-y^2

(2)　x^2-4x+4

得点UP

❶ (3)$\sqrt{a^2b}=a\sqrt{b}$ を使って，**根号の中を簡単な数にする。**　(5)**分母を有理化して**からまとめる。

❷ (3)**乗法公式**を使って計算する。　(6)$(2\sqrt{3}-7)(7+2\sqrt{3})=(2\sqrt{3}-7)(2\sqrt{3}+7)$として計算する。

2次方程式とその解き方

点
合格点：76 点 ／ 100 点

1 0，1，2，3，4，5のうち，次の2次方程式の解《かい》であるものを答えなさい。　（8点×2）

(1)　$x^2+2x-3=0$　　　(2)　$x^2-6x+8=0$

2 次の方程式を解きなさい。　（8点×6）

(1)　$4x^2=36$　　　(2)　$9x^2-5=7$

(3)　$(x+6)^2=64$　　　(4)　$(x-2)^2=12$

(5)　$(x+1)^2-81=0$　　　(6)　$(x-7)^2-48=0$

3 次の方程式を，解の公式を使って解きなさい。　（9点×4）

(1)　$x^2+5x+2=0$　　　(2)　$3x^2+7x+1=0$

(3)　$x^2+2x-5=0$　　　(4)　$2x^2-x-6=0$

得点UP

2 (3) $(x+m)^2=n$ の形の2次方程式は，$x+m=X$ とおくと，$X^2=n$ より $X=\pm\sqrt{n}$ となる。

3 2次方程式 $ax^2+bx+c=0$ の解の公式　$x=\dfrac{-b\pm\sqrt{b^2-4ac}}{2a}$ に，a，b，c の値を代入して求める。

2次方程式と因数分解

点

合格点：76 点／100 点

1 次の方程式を解きなさい。

（8点×8）

(1) $(x-6)(x+3)=0$

(2) $(x+1)(x-4)=0$

(3) $-7x(x+5)=0$

(4) $(5x-4)^2=0$

(5) $x^2-5x+6=0$

(6) $x^2-12x+36=0$

(7) $x^2-2x-15=0$

(8) $x^2+7x-18=0$

2 次の方程式を解きなさい。

（9点×4）

(1) $x(x+4)=12$

(2) $(x+3)^2=2x+5$

(3) $(x+5)(x-9)=-13$

(4) $2x^2+6x-56=0$

得点UP

❶ (1)$AB=0$ ならば，$A=0$ または $B=0$ である。　(5)左辺を因数分解して解く。

❷ まず，$ax^2+bx+c=0$ の形に整理して，左辺を因数分解する。　(4)式をできるだけ整理する。

2次方程式の応用

点
合格点：80点／100点

1　2次方程式 $x^2+ax+2a=0$ の1つの解が2であるとき，次の問いに答えなさい。

（20点×2）

(1)　a の値を求めなさい。

(2)　もう1つの解を求めなさい。

2　ある正の数 x を2乗して10をひくと，x の3倍になるという。ある正の数 x を求めなさい。

（20点）

3　長さ40cmの針金で長方形を作り，その面積が 96cm^2 になるようにしたい。長方形の2辺の長さを求めなさい。

（20点）

4　正方形と長方形がある。長方形の縦は正方形の1辺より2cm短く，横は4cm長い。また，長方形の面積は 40cm^2 であるという。正方形の1辺の長さを求めなさい。

（20点）

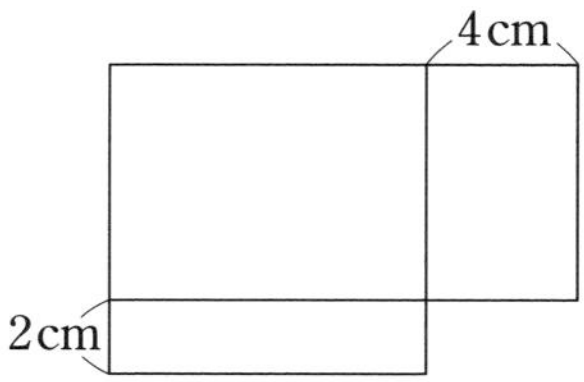

得点UP

2　数量関係にそって立式して解く。$x>0$ の条件に注意する。

3　長方形の縦の長さを $x$cm とおいて立式する。（長方形の周の長さ）＝{（縦の長さ）＋（横の長さ）}×2

関数 $y=ax^2$

点

合格点：80点／100点

1　次の場合について，y を x の式で表し，y が x の2乗に比例するものは比例定数を答えなさい。（14点×3）

(1)　1辺が x cm の正方形の周の長さを y cm とする。

(2)　底面の半径が x cm，高さが6 cm の円柱の体積を y cm^3 とする。ただし，円周率は π とする。

(3)　1辺が x cm の立方体の表面積を y cm^2 とする。

2　関数 $y=2x^2$ について，次の問いに答えなさい。（(1)6点×3，(2)12点）

x	1	2	3	4	5	6	7
y	2	8	㋐	32	㋑	72	㋒

(1)　上の表の空らん㋐～㋒にあてはまる数を求めなさい。

(2)　x の値を3倍すると，y の値は何倍になるか，求めなさい。

3　次の問いに答えなさい。（14点×2）

(1)　y は x の2乗に比例し，$x=2$ のとき $y=16$ である。y を x の式で表しなさい。

(2)　y は x の2乗に比例し，$x=2$ のとき $y=-12$ である。$x=-3$ のときの y の値を求めなさい。

得点UP

1　$y=ax^2$ の形の式であれば，y は x の2乗に比例する。

2　(1)それぞれ $y=2x^2$ に x の値を代入して，y の値を求める。

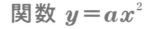

33 関数 $y=ax^2$ のグラフ

点

合格点：75 点／100 点

1 次の関数㋐～㋕について，下の問いに答えなさい。（10点×3）

㋐ $y=x^2$　　㋑ $y=-x^2$　　㋒ $y=\frac{3}{2}x^2$

㋓ $y=\frac{2}{3}x^2$　　㋔ $y=-2x^2$　　㋕ $y=-\frac{2}{3}x^2$

(1) グラフが上に開いているものをすべて選び，記号で答えなさい。

(2) グラフがx軸についてたがいに対称なものを2組選び，記号で答えなさい。

2 関数$y=4x^2$のグラフについて，次の問いに答えなさい。（15点×2）

(1) 次の4点A，B，C，Dのうち，このグラフ上にある点を選び，記号で答えなさい。

A(−3，30)　B(−1，4)　C(2，15)　D(5，90)

(2) 点(4，a)がこのグラフ上にあるとき，aの値を求めなさい。

3 次の㋐，㋑の関数について，下の問いに答えなさい。（10点×4）

㋐ $y=2x^2$　　㋑ $y=-\frac{1}{2}x^2$

(1) 右の図に，㋐，㋑のグラフをそれぞれかきなさい。

(2) xの変域が$-2\leqq x\leqq 1$のとき，㋐，㋑のyの変域をそれぞれ求めなさい。

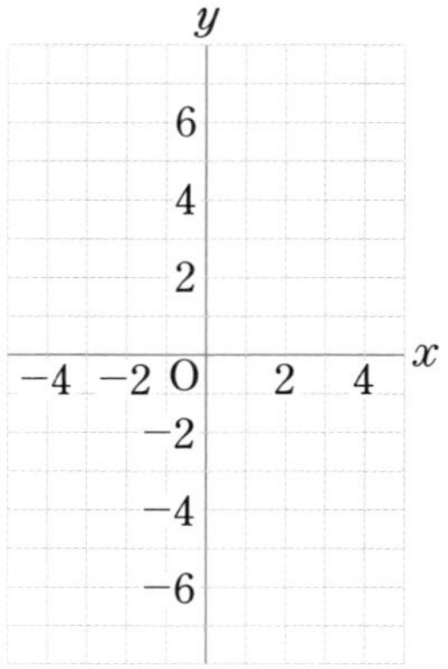

得点UP

2 グラフ上の点の座標は，グラフの式を成り立たせる。

3 (2) xの変域の両端の値に対応するyの値に着目する。**xの変域に0がふくまれる**ことに注意する。

関数 $y=ax^2$ と変化の割合

点

合格点：80 点 ／ 100 点

1 関数 $y=3x^2$ において，x の値が次のように増加するとき，変化の割合をそれぞれ求めなさい。 (14点×2)

(1)　-4 から -1　　　(2)　3から6まで

2 次の問いに答えなさい。 (16点×2)

(1)　関数 $y=ax^2$ において，x の値が2から4まで増加するときの変化の割合が18である。a の値を求めなさい。

(2)　関数 $y=x^2$ において，x の値が a から $a+3$ まで増加するときの変化の割合が7のとき，a の値を求めなさい。

3 自動車が，ブレーキがきき始めてから止まるまでに進む距離は，速さの2乗に比例するという。時速50km で走っているときに，ブレーキがきき始めてから止まるまでの距離は20m だった。次の問いに答えなさい。 (20点×2)

(1)　時速 x km で走っている自動車が，ブレーキがきき始めてから止まるまでの距離を y m として，y を x の式で表しなさい。

(2)　ブレーキがきき始めてから止まるまでに45m 走ったとき，自動車の速さは時速何km であったか，求めなさい。

得点UP

1 (変化の割合)＝(y の増加量)÷(x の増加量)で，関数 $y=ax^2$ の変化の割合は一定ではない。

3 (1) y が x の2乗に比例するから，$y=ax^2$ とおいて比例定数 a の値を求める。

相似な図形

点

合格点：83点／100点

1

右の図で，△ABC∽△DEF である。次の問いに答えなさい。（12点×2）

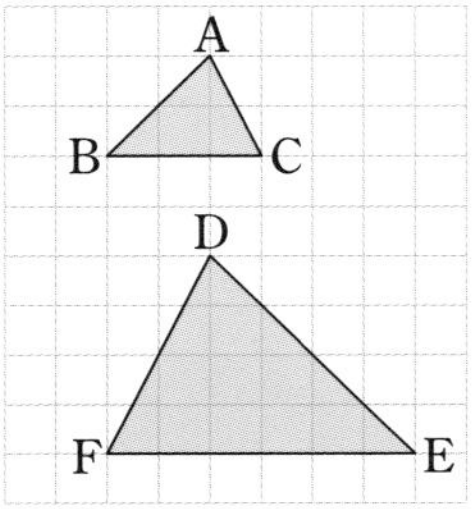

⑴　辺CAに対応する辺を答えなさい。

⑵　∠Fに対応する角を答えなさい。

2

右の図で，四角形ABCD∽四角形EFGH である。次の問いに答えなさい。（14点×3）

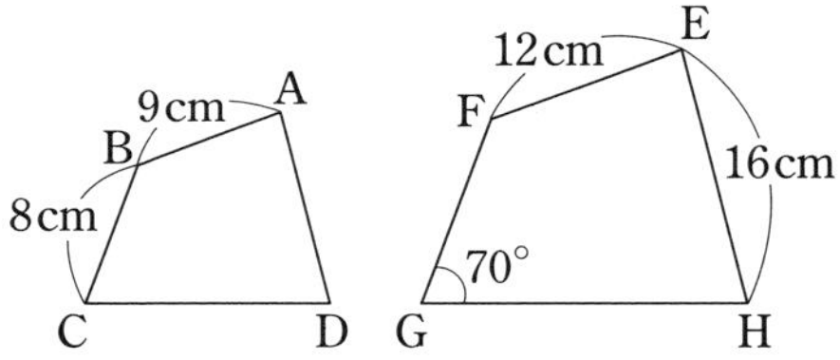

⑴　四角形ABCDと四角形EFGHの相《そう》似《じ》比《ひ》を求めなさい。

⑵　辺DAの長さを求めなさい。

⑶　∠Cの大きさを求めなさい。

3

相似な2つの立体P，Qがある。相似比が2：3のとき，次の問いに答えなさい。（17点×2）

⑴　Pの表面積が$108cm^2$のとき，Qの表面積を求めなさい。

⑵　Qの体積が$162cm^3$のとき，Pの体積を求めなさい。

得点UP

2　⑵相似な図形の対応する辺の長さの比はすべて等しい。

3　相似比がm：nのとき，面積比はm^2：n^2，体積比はm^3：n^3となる。

相似と証明

点

合格点：70点／100点

1 右の図で，四角形ABCDは平行四辺形，点Eは辺ABの延長上の点で，EDとBCとの交点をFとする。このとき，△BEFと相似な三角形をすべて答えなさい。ただし，頂点は対応の順に書くこと。 （20点）

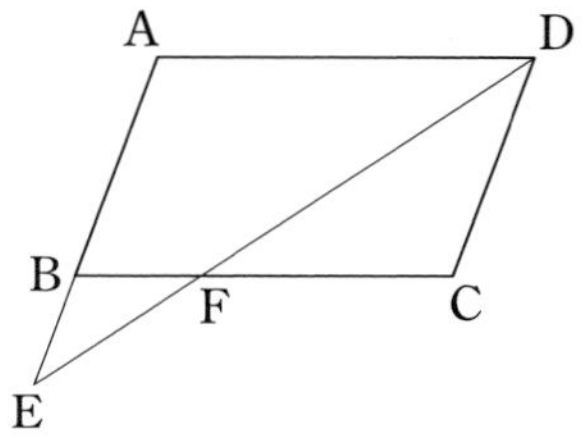

2 右の図で，∠ABC＝∠DECである。次の問いに答えなさい。 （25点×2）

(1)　△ABC∽△DECであることを証明しなさい。

［証明］

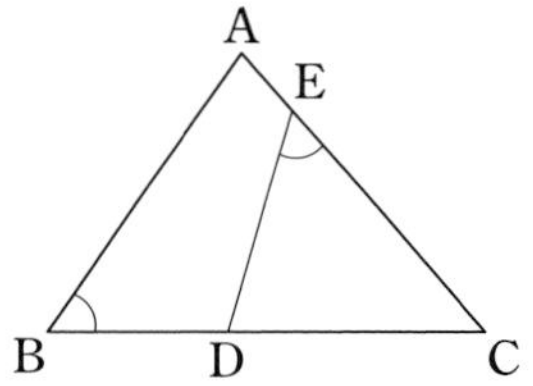

(2)　AB＝12cm，DE＝8cm，CE＝10cmであるとき，辺BCの長さを求めなさい。

3 右の図の四角形ABCDにおいて，∠BAC＝∠BDCである。対角線ACとBDの交点をOとする。このとき，AD：BC＝AO：BOとなることを証明しなさい。 （30点）

［証明］

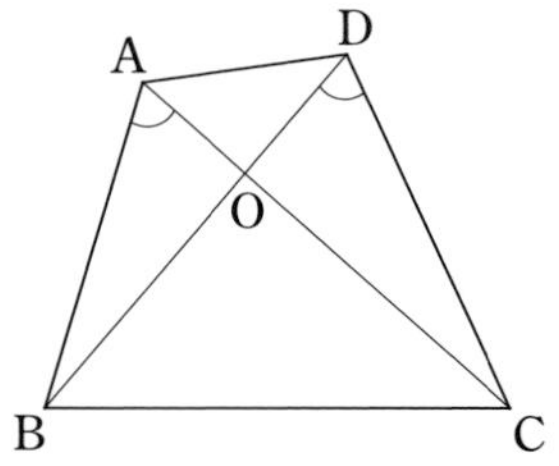

得点UP

1 BF // AD，BE // DCから，等しい角に着目する。

3 AD：BC＝AO：BOは，△AOD∽△BOCから導ける。その前に，まず△AOB∽△DOCを導く。

平行線と線分の比

点

合格点：70 点／100 点

1 右の図で，DE // BC，AD：DB＝2：3であるとき，次の問いに答えなさい。　（14点×2）

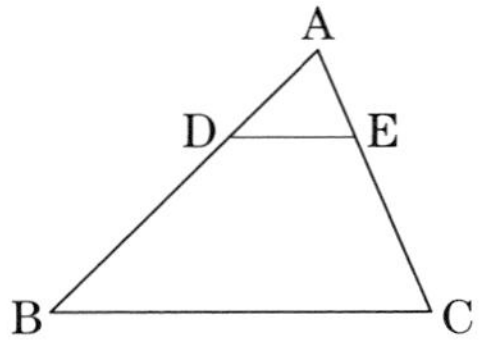

(1)　DE：BC を求めなさい。

(2)　△ADE と△ABC の面積比を求めなさい。

2 次の図で，$\ell \parallel m \parallel n$ のとき，x の値を求めなさい。　（16点×2）

(1)

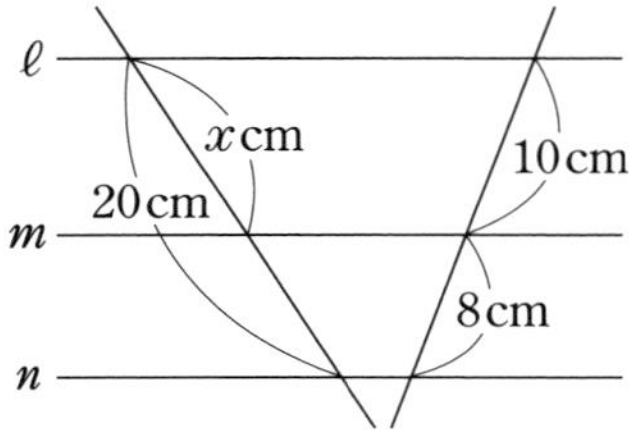

(2)

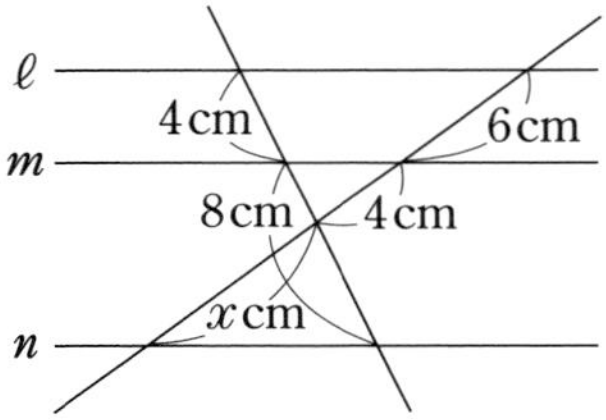

3 右の図で，点D，E，Fはそれぞれ△ABCの各辺の中点である。次の問いに答えなさい。　（20点×2）

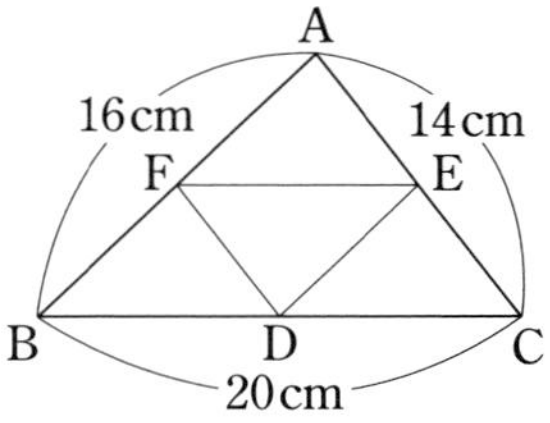

(1)　四角形FBDEは平行四辺形であることを証明しなさい。

［証明］

(2)　△FDE の周の長さを求めなさい。

得点UP

1 (1)DE：BC＝AD：AB を利用する。　(2)△ADE∽△ABC で，相似比を利用する。

3 (1)中点連結定理より，FE // BC，FE＝$\frac{1}{2}$BC を利用する。

円周角の定理

点

合格点：76 点 ／ 100 点

1 次の図で，$\angle x$，$\angle y$ の大きさを求めなさい。 （7点×8）

(1)

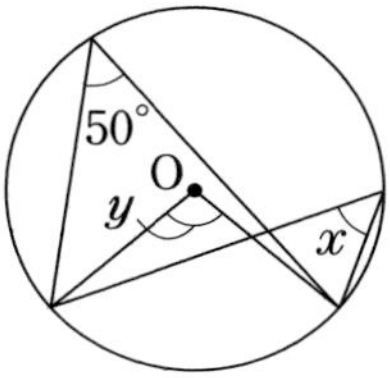

(2)

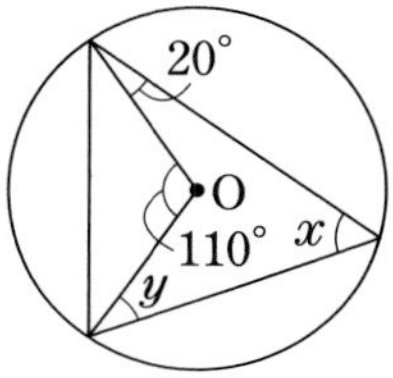

(3)

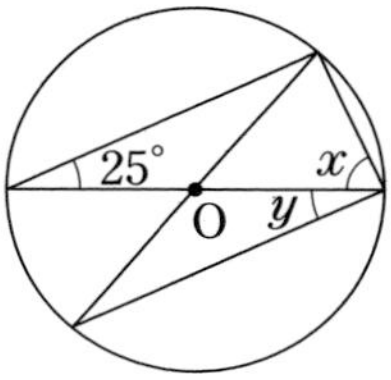

(4)

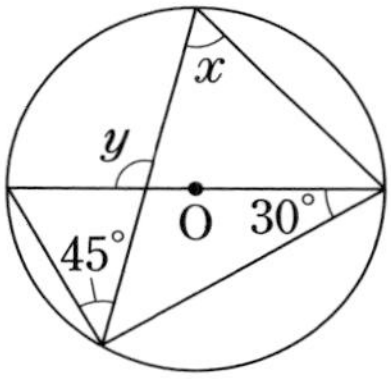

2 次の図で，$\angle x$ の大きさを求めなさい。 （12点×2）

(1)

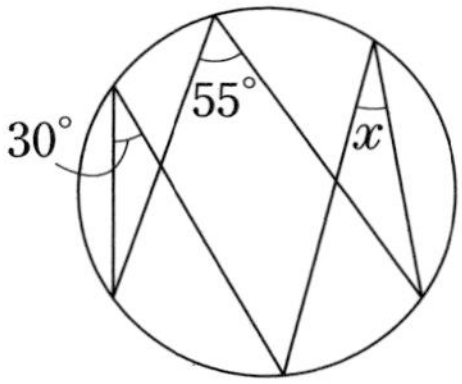

(2)

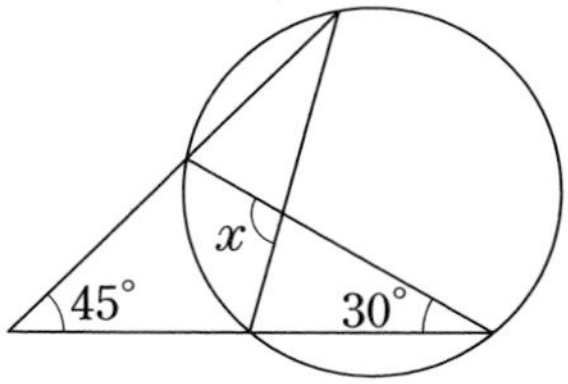

3

3つの頂点が円周上にある△ABCがある。右の図のように，この円周上に$\overset{\frown}{BD}=\overset{\frown}{DC}$となる点Dをとり，ADとBCとの交点をEとする。このとき，△ABD∽△AECを証明しなさい。 （20点）

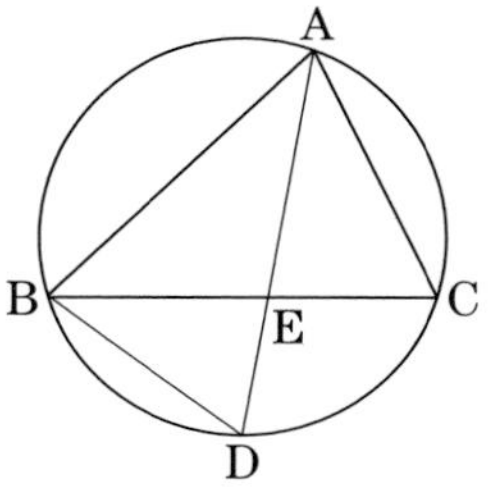

［証明］

得点UP

1 (3)半円の弧に対する円周角は90°であることを利用する。

2 (1)補助線をひいて，55°の角を2つの角に分けて考える。

三平方の定理①

点

合格点：80点／100点

1　次の図の直角三角形で，x の値を求めなさい。　（10点×2）

(1)

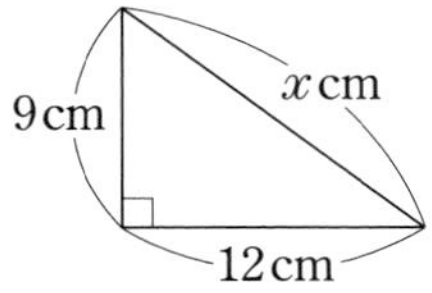

(2)

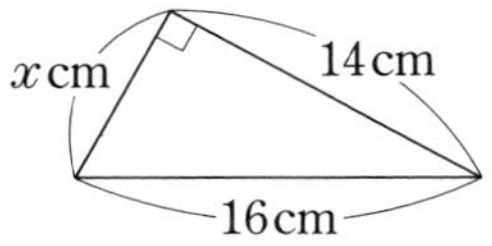

2　右の図の△ABCで，∠B＝60°，∠C＝45°，AB＝6cmである。次の問いに答えなさい。　（15点×2）

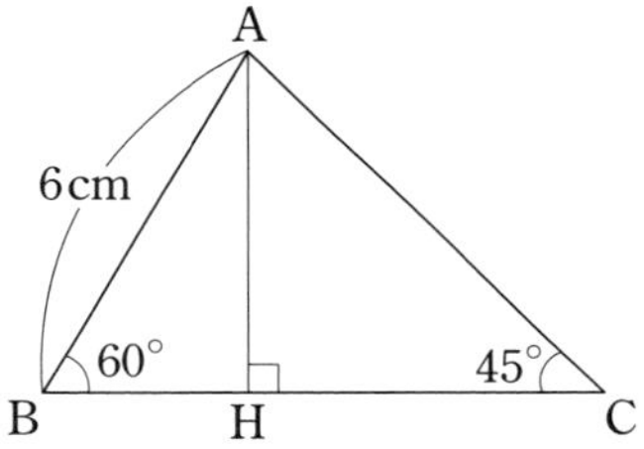

(1)　AHの長さを求めなさい。

(2)　△ABCの面積を求めなさい。

3　右の図のように，点Oを中心とする2つの円がある。小さい円の半径が4cm，小さい円に点Hで接する大きい円の弦ABの長さが12cmである。このとき，大きい円の半径を求めなさい。　（20点）

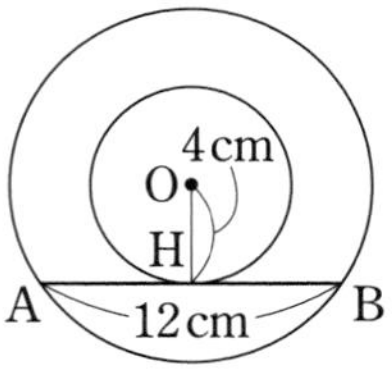

4　次の座標をもつ2点A，B間の距離を求めなさい。　（15点×2）

(1)　A(1，2)，B(6，5)　　(2)　A(−3，5)，B(2，1)

得点UP

2　直角二等辺三角形の３辺の比は，1：1：$\sqrt{2}$　鋭角が30°，60°の直角三角形の３辺の比は，1：2：$\sqrt{3}$

3　円の接線は，その接点を通る半径に垂直だから，∠OHA＝90°である。

三平方の定理②

点

合格点：74 点／100 点

1 右の図のような，縦2cm，横6cm，高さ3cm の直方体の対角線の長さを求めなさい。　（12点）

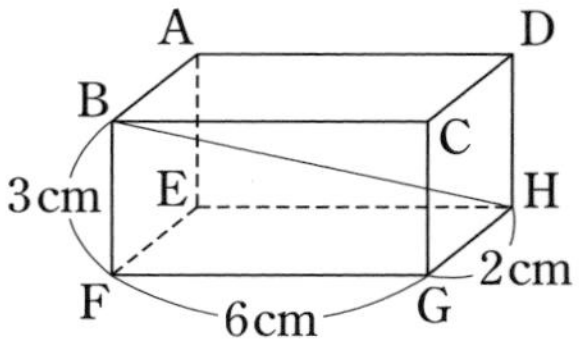

2 右の図は，底面の半径が3cm，母線の長さが6cmの円《えん》錐《すい》である。次の問いに答えなさい。　（14点×2）

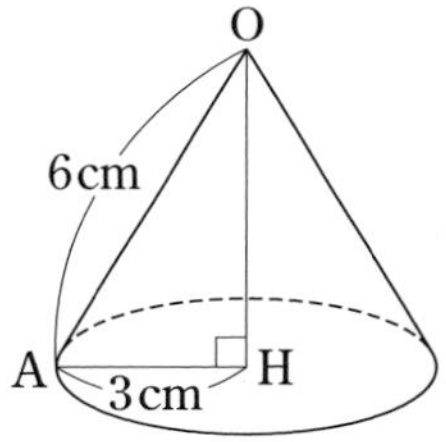

(1)　高さOHを求めなさい。

(2)　この円錐の体積を求めなさい。ただし，円周率はπとする。

3 右の図は，底面の1辺が10cmで，辺OAが15cmの正四角錐である。次の問いに答えなさい。　（15点×4）

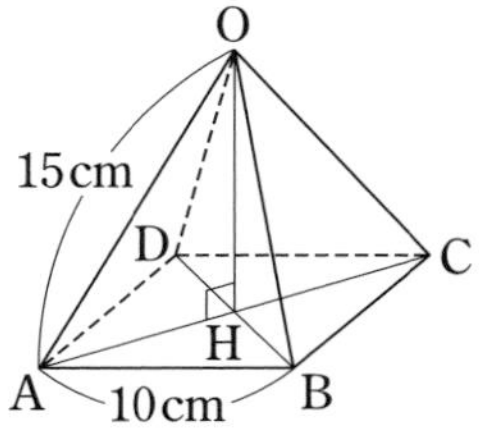

(1)　△OABの面積を求めなさい。

(2)　底面の正方形の対角線の交点をHとするとき，AHの長さを求めなさい。

(3)　高さOHを求めなさい。

(4)　この正四角錐の体積を求めなさい。

得点UP

1 △FGH，△BFHは，ともに直角三角形であることに着目する。

3 (1)△OABは，OA＝OBの二等辺三角形である。　(2)△ABCは直角二等辺三角形である。

標本調査／近似値

点
合格点：80点／100点

1　ある中学校の生徒会で，生徒全員580人のうちから，無作為《むさくい》に60人を選び，部活動についての意見を聞くことにした。次の問いに答えなさい。（10点×2）

(1)　この調査の母集団《ぼしゅうだん》と標本《ひょうほん》を答えなさい。

(2)　標本の大きさを答えなさい。

2　うなぎの養殖《ようしょく》場で，成長を見るために1回10匹ずつ取り出し，重さを調べ平均を計算した。これを5回くり返した結果が下の表である。この養殖場のうなぎの重さの平均を推定しなさい。（20点）

回	1	2	3	4	5
重さ(g)	387.5	389.0	392.0	390.5	390.0

3　ある工場で製造された製品から200個を無作為に抽出して調べたところ，不良品が3個あった。この工場で製造された3000個の製品のうち不良品はおよそ何個ふくまれていると考えられるか。（20点）

4　次の問いに答えなさい。（20点×2）

(1)　ある数の小数第2位を四捨五入したら，5.4になった。この数の真の値をaとするとき，aの値の範囲《はんい》を不等号を使って表しなさい。

(2)　近似値《きんじち》27000 mの有効数字《ゆうこうすうじ》が3けたであるとき，この近似値を，(整数部分が1けたの数)×(10の累乗《るいじょう》)の形で表しなさい。

得点UP
2　標本平均から母集団の平均を推定する。

総復習テスト（数学）

点

目標時間：20分　　合格点：80点／100点

1　次の計算をしなさい。　（5点×2）

(1)　$(x+5)^2$

(2)　$(a-b)(a+b)-(a-b)^2$

2　次の計算をしなさい。　（5点×2）

(1)　$3\sqrt{18}-\dfrac{6}{\sqrt{2}}+\sqrt{32}$

(2)　$(\sqrt{3}-1)(\sqrt{3}+4)$

3　次の問いに答えなさい。　（6点×3）

(1)　$x^2-9x+18$ を因数分解しなさい。

(2)　2つの関数 $y=ax^2$ と $y=3x-1$ について，x が2から4まで増加するときの変化の割合が等しいとき，a の値を求めなさい。

(3)　右の図で，$\angle x$ の大きさを求めなさい。

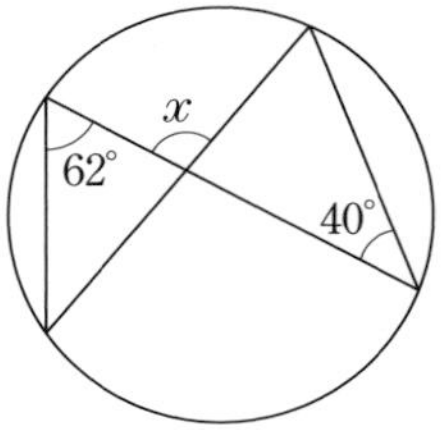

4　縦が15m，横が18mの長方形の土地に，右の図のように，縦，横に同じ幅の通路をつけて，残りを花だんにしたい。花だんの面積が180m^2 になるようにするには，通路の幅を何mにすれば良いか，求めなさい。　（10点）

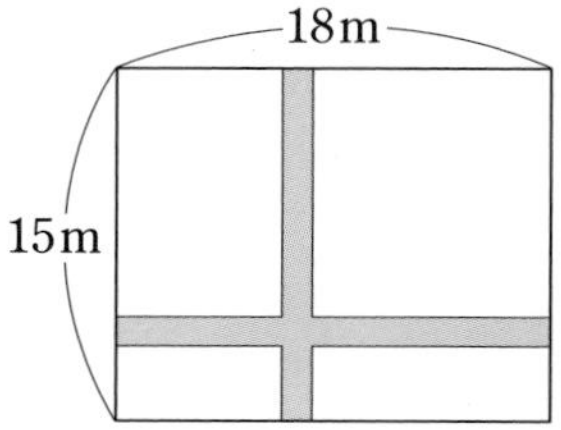

裏面へ

5 2つの球A，Bがあって，半径はそれぞれ6cm，18cmである。次の問いに答えなさい。（6点×2）

(1) A，Bの表面積の比を求めなさい。

(2) A，Bの体積比を求めなさい。

6 右の図で，△ABCはAB＝ACの二等辺三角形で，点D，Eはそれぞれ辺BC，AB上にあり，∠ADE＝∠ACDである。このとき，△ADC∽△DEBであることを証明しなさい。（10点）

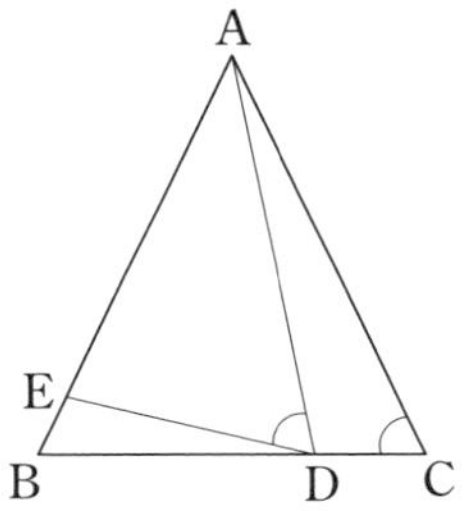

[証明]

7 右の図で，$a\parallel b\parallel c\parallel d$のとき，$x$，$y$の値を求めなさい。（7点×2）

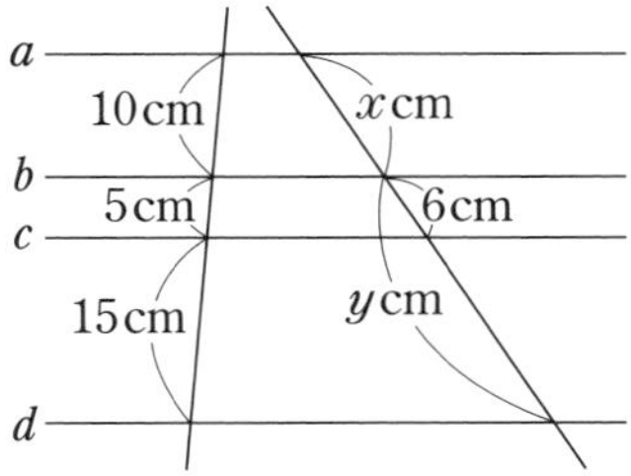

8 右の展開図で表される円錐について，次の問いに答えなさい。ただし，円周率はπとする。（8点×2）

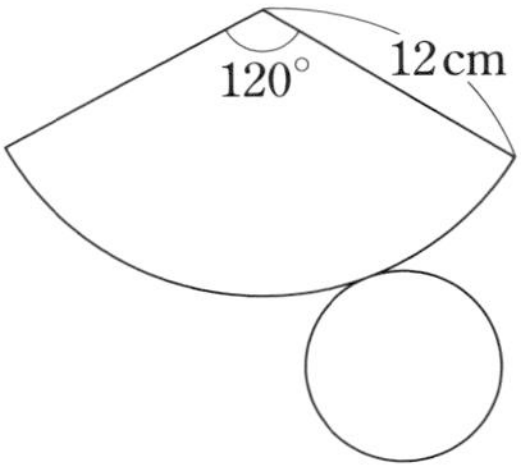

(1) この円錐の高さを求めなさい。

(2) この円錐の体積を求めなさい。

漢字の読み・書き

点

合格点：80点／100点

1 次の太字の漢字の読み仮名《がな》を書きなさい。（5点×10）

(1) **棚**から荷物を下ろす。（　　）

(2) 大きな岩石を**砕**く。（　　）

(3) 努力が水の**泡**になる。（　　）

(4) 子どもを優しく**諭**す。（　　）

(5) 食生活が**偏**る。（　　）

(6) 古い制度を**廃止**する。（　　）

(7) 晴れた日に**洗濯**する。（　　）

(8) 今までの**履歴**をまとめる。（　　）

(9) 友人と**疎遠**になる。（　　）

(10) 早寝《はやね》早起きを**奨励**する。（　　）

2 次の太字の片仮名を漢字で書きなさい。（5点×10）

(1) 悪い**クセ**を直す。（　　）

(2) 名前を**フ**せて寄付をする。（　　）

(3) がけが**クズ**れるのを防ぐ。（　　）

(4) **タマシイ**が込《こ》められた作品。（　　）

(5) スキーで山の斜面《しゃめん》を**スベ**る。（　　）

(6) **ジュンタク**な予算を生かす。（　　）

(7) **カンカク**を空けて座る。（　　）

(8) 新製品に**ミリョク**を感じる。（　　）

(9) 事件に**ショウゲキ**を受ける。（　　）

(10) 互《たが》いの情報を**コウカン**する。（　　）

得点UP

1 (4)「諭す」は、「**よくわかるように目下の者に言い聞かせる**」の意味。「論」「愉」との形の違《ちが》いにも注意。

2 (4)「タマシイ」は、同じ部分をもつ(8)「ミ」との形の違いに注意。

漢語・和語・外来語／四字熟語

点

合格点：80点／100点

1 次の言葉は、ア漢語、イ和語、ウ外来語のどれに当たるか。記号で答えなさい。（4点×6）

(1) ランチ（　　）　(2) 昼食（　　）

(3) 昼飯（　　）　(4) 夜露《よつゆ》（　　）

(5) 避暑《ひしょ》（　　）　(6) テレビ（　　）

2 次の各文の――ア～セの言葉を、あとの(1)～(3)に分けて、記号で答えなさい。（2点×14）

・【ア】母が【イ】洗濯機《せんたくき》で【ウ】靴下《くつした》と【エ】シャツを【オ】洗う。

・【カ】僕《ぼく》と【キ】友人が、【ク】オムレツを【ケ】ぱくぱく【コ】食べる。

・【サ】ガラスの瓶《びん》の【シ】表面に【ス】シールが【セ】貼《は》ってある。

(1) 漢語（　　）

(2) 和語（　　）

(3) 外来語（　　）

3 次の（　）に適切な漢数字を入れて、四字熟語を完成させなさい。（完答4点×6）

(1)（　）長（　）短　(2)（　）発（　）中

(3)（　）転（　）倒《とう》　(4)（　）刻（　）金

(5)（　）人（　）脚《きゃく》　(6) 朝（　）暮（　）

4 次の太字の片仮名《かたかな》を漢字に直して、四字熟語を完成させなさい。（4点×6）

(1) 半信**ハンギ**で話を聞いた。（　　）

(2) **電光セッカ**の早技だ。（　　）

(3) **完全ムケツ**の人などいない。（　　）

(4) **イク同音**に反対される。（　　）

(5) 弟は**シンショウ棒大**に話す。（　　）

(6) **ロウニャク男女**が集う。（　　）

得点UP

❶ 漢語は漢字で書いたときに**音読み**のもの、和語は漢字で表さないものか、漢字で書いたときに**訓読み**のもの。

❹ (4)「イク同音」は書き間違《まちが》えやすいので注意。(6)「ロウニャク男女」の「男女」は、「**なんにょ**」と読む。

慣用句／ことわざ／故事成語

点

合格点：80点／100点

1 次の（　）に入る漢字を□から選び、慣用句を完成させなさい。（6点×6）

(1)（　　）を巻く
(2)（　　）を並べる
(3)（　　）に余る
(4)（　　）を振《ふ》るう
(5)（　　）をかしげる
(6)（　　）に刻む

胸　肩《かた》　首　腕《うで》　舌　目

2 次の（　）に入る語句を漢字で書き、〔　〕内の意味の慣用句を完成させなさい。（8点×3）

(1)（　　）に暮れる
〔どうしたらいいのかわからない。〕

(2)（　　）を差す
〔うまくいっているものの邪魔《じゃま》をする。〕

(3)（　　）に尽《つ》くしがたい
〔文字や言葉で十分に表すことができない。〕

3 次のことわざ・慣用句の意味を、それぞれア～ウから選び、記号で答えなさい。（8点×2）

(1) 情けは人のためならず
ア　人のためになる情けなどはない。
イ　人にかけた情けは、いつか自分に返ってくるものだ。
ウ　人に情けをかけるのは、その人のためにならない。
（　　）

(2) 青菜に塩
ア　元気がなくしおれている様子。
イ　生き生きと元気な様子。
ウ　思いがけないことに喜ぶ様子。
（　　）

4 次の意味に合う故事成語を、ア～ウから選び記号で答えなさい。（8点×3）

(1) 前後のつじつまが合わないこと。（　　）
(2) 決死の覚悟《かくご》で物事にあたること。（　　）
(3) あとから付け加えた余計なもの。（　　）

ア　蛇足《だそく》　イ　矛盾《むじゅん》　ウ　背水の陣《じん》

得点UP

1 (3)「ひどくて見過ごすことができない」という意味の慣用句になる。
3 (1) 意味を取り違《ちが》えやすいことわざ。逆の意味にとらえないように注意。

46

助詞

点

合格点：80点／100点

1 次の各文の――の助詞の種類を□から選び、記号で答えなさい。（8点×4）

(1) 雨だが、行こう。（　）

(2) どこの町ですか。（　）

(3) 家から出かける。（　）

(4) 私だけの意見だ。（　）

ア	格助詞
イ	接続助詞
ウ	副助詞
エ	終助詞

2 次の――の「の」の働きを□から選び、記号で答えなさい。（6点×3）

(1) 雪の積もった朝、写生をした。（　）

(2) あれは父の自動車だ。（　）

(3) 少し来るのが早過ぎたようだ。（　）

ア	体言の代用。
イ	主語を作る。
ウ	連体修飾《しゅうしょく》語を作る。

3 次の各文の（　）に入る助詞を、〔　〕から選んで書きなさい。（8点×4）

(1) たとえ失敗し（　）、諦《あきら》めない。

(2) この話は、君に（　）話していない。

(3) 彼《かれ》は、いつも冗談《じょうだん》（　）言っている。

(4) 早く出発した（　）、間に合った。

〔ので　のに　ても　ばかり　しか〕

4 次の各文から助詞をすべて書き抜《ぬ》きなさい。（完答6点×3）

(1) 初めから、ゆっくり考えてみるといいよ。（　）

(2) 歩きながら携帯《けいたい》電話を操作するのは危険だ。（　）

(3) 雨が降れば、大会は中止にしますか。（　）

得点UP

3 (1)・(4)には接続助詞、(2)・(3)には副助詞が入る。

4 助詞は**活用のない付属語**。主に自立語のあとに付く。文末にも注意。

助動詞

1 次の——の助動詞の意味を□から選び、記号で答えなさい。（6点×5）

(1) 昨日、映画を見た。（　）

(2) 詳《くわ》しく説明します。（　）

(3) 彼《かれ》の技は本物だ。（　）

(4) 早めに帰宅させる。（　）

(5) 五分で沸《わ》くだろう。（　）

ア	断定
イ	推量
ウ	過去
エ	使役《しえき》
オ	丁寧《ていねい》

2 次の各文の（　）に入る助動詞を、〔　〕から選び、適切な形に活用させて答えなさい。（10点×3）

(1) 僕《ぼく》は、まだ帰り（　）ない。

(2) 食べ（　）ば、元気が出ない。

(3) この（　）例は、たくさんある。

〔たい　たがる　ない　ようだ〕

3 次の各組の——の語句の意味・用法がほかと違《ちが》うものを一つずつ選び、記号で答えなさい。（10点×4）

(1)
ア 実験は成功しそうだ。
イ 今日から値上げするそうだ。
ウ あの映画はおもしろいそうだ。
（　）

(2)
ア 友人が訪ねてきたらしい。
イ 中学生らしい服装で出席する。
ウ 今年は、米が豊作らしい。
（　）

(3)
ア この時計は、正確ではない。
イ 渋滞《じゅうたい》でバスがなかなか進まない。
ウ 彼は、非科学的なものを信じない。
（　）

(4)
ア 廊下《ろうか》を走って、先生に注意される。
イ 選挙で、生徒会の会長に選ばれる。
ウ ふるさとのことがなつかしく思われる。
（　）

得点UP

2 (1) 願望を表す助動詞「たい・たがる」のどちらかが入る。文の主語に合う方を入れる。

3 (3) 「ない」には助動詞のほかに**形容詞**がある。形容詞の場合は、自立語であることに注意。

助詞・助動詞の識別

点

合格点：80点／100点

1 次の——の「から」が格助詞ならア、接続助詞ならイと答えなさい。（10点×3）

(1) 暑いから上着を脱《ぬ》ぐ。（　　）

(2) バターは牛乳から作る。（　　）

(3) 明日は休みだから映画に行こう。（　　）

2 次の——の「に」が助動詞であるものを一つ選び、記号で答えなさい。（11点）

ア 部屋をきれいに片付ける。

イ せみの声が一斉《いっせい》にやむ。

ウ 急いで表に出る。

エ まるで絵のように美しい。

（　　）

3 次の——の「で」が助動詞であるものを一つ選び、記号で答えなさい。（11点）

ア 赤がA組で、白がB組だ。

イ 向こう岸へ泳いで渡《わた》る。

ウ 彼女《かのじょ》はいつも元気で、優しい。

エ 粘土《ねんど》で人形を作る。

（　　）

4 次の各組の——の語句の意味・用法がほかと違《ちが》うものを一つずつ選び、記号で答えなさい。（12点×4）

(1)
ア 世界中の人々が望むのは平和だ。
イ 兄は冷静だが、心は温かい。
ウ その点は特に重要だ。
（　　）

(2)
ア この場所はいつか来たことがある。
イ 壁《かべ》に掛《か》かった絵を見る。
ウ 昨日、スニーカーを買った。
（　　）

(3)
ア 会う前に期待ばかりが膨《ふく》らむ。
イ 約束の時間に五分ばかり遅《おく》れる。
ウ 暑いので水ばかり飲みたくなる。
（　　）

(4)
ア 白い入道雲が綿菓子《わたがし》のようだ。
イ 強い風は少し弱まったようだ。
ウ 彼《かれ》は僕《ぼく》のことを誤解しているようだ。
（　　）

得点UP

3 助動詞で「で」の形をとるのは、断定の助動詞「だ」の連用形。

4 (1) 形容動詞とそれ以外の語句を識別する。

小説①

点

合格点：75点／100点

1 次の文章を読んで、あとの問いに答えなさい。

俊一郎《しゅんいちろう》は、新聞の記事で蛍《ほたる》の人工飼育に成功したという老人を知り、彼《かれ》を訪ねて、自分も蛍の人工飼育をしてみたいと告げた。

老人は、黙《だま》っていた。その表情に、俊一郎はそうした用件で訪れた①自分に好感をいだいていないらしいことに気づいた。

「お教えいただけませんでしょうか」

かれは、恐《おそ》るおそるたずねた。

「蛍《ほたる》などを、なぜ②……」

老人の表情は、かたい。

俊一郎は、高校生時代まで眼《め》にした蛍がほとんど町に見られなくなり、東京の生活をはなれて帰郷した自分には、蛍を眼にできぬのは堪《た》えがたいことだ、と言った。

「ただ、見たいというだけですか」

「その通りです。川筋を蛍が光って飛ぶのを眼にできれば、と願っています」

老人が、③口もとをゆるめた。

「あの記事が新聞に出ましたら、翌日、大きなホテルの支配人という男が来ましたよ。ホテルの庭に蛍を放して、子供連れの客に団扇《うちわ》をもたせ捕《つかま》えさせる催《もよお》しを企画《きかく》したいというのです。蛍を客集めに使おうというのです。断《こと》わりました」

④老人は、顔をしかめた。

（吉村昭《よしむらあきら》「海馬《とど》」〈新潮社《しんちょう》〉より）

(1) ——①「自分に好感をいだいていないらしい」ことを示す老人の表情が書かれた一文を、文章中から書き抜《ぬ》きなさい。（25点）

（　　　）

(2) ——②「……」に省略されている老人の言葉として適切なものを次から選び、記号で答えなさい。（25点）

ア 見たいのですか

イ 売っているのですか

ウ 捕《つか》まえたいのですか

エ 育てたいのですか

（　　　）

(3) ——③「口もとをゆるめた」のはなぜか。文章中の言葉を使って書きなさい。（25点）

（　　　）

(4) ——④「老人は、顔をしかめた。」に表れている老人の気持ちとして適切なものを次から選び、記号で答えなさい。（25点）

ア 俊一郎の申し出に対する怒《いか》り。

イ ホテルの支配人に対する怒り。

ウ 俊一郎の願いに対する不安。

エ 新聞の記事に対する恨《うら》み。

（　　　）

得点UP

1 (3)「口もとをゆるめた」は、**少し気を許したこと**を表す表現。

(4) 直前の老人の発言の内容に注目して、気持ちをとらえる。

小説②

点
合格点：80点／100点

1 次の文章を読んで、あとの問いに答えなさい。

「考えそうなことですね」

俊一郎《しゅんいちろう》は、苦笑した。

「呆《あき》れたものです。苦労をして産み出した蛍《ほたる》を金銭の代償《だいしょう》にされ、団扇《うちわ》でたたき落《おと》されてはたまりませんよ。蛍をなんだと思っているんでしょうかね」

老人の眼《め》に、①憤《いきどお》りの色が浮《う》かんだ。

俊一郎は、②口をつぐんでいた。蛍の生命をよみがえらせようと努めている老人が、それを金銭を得るための道具に利用しようとする人間に対して激しい怒《いか》りをいだくのは当然だ、と思った。

③「あなたには、教えてさしあげてもよさそうだ。この年になると、人の見分けもつく。私もあなたと同じように、蛍の光が舞《ま》うのを見たいだけの目的ではじめたことです。新聞の記事にされるのも、実は迷《めい》惑《わく》でしてね。自分が好きでやっているにすぎないことなのですから……」

老人の顔に、やわらいだ表情が浮かんだ。

④「この町の川筋にも、蛍が飛んでいたのですね」

俊一郎は、家の方に歩き出した老人にたずねた。

「たくさんいましてね、それは見事だった。天の川の星が群れ飛ぶように……」

（吉村昭《よしむらあきら》「海馬《とど》」〈新潮社《しんちょう》〉より）

(1) ――①「憤りの色」が最もよく表れている老人の言葉を、十一字で書き抜《ぬ》きなさい。（20点）

(2) ――②「口をつぐんでいた」のはなぜか。適切なものを次から選び、記号で答えなさい。（20点）

ア 老人の怒りが理解できたから。

イ 老人に心中を見透《みす》かされたから。

ウ 老人の言葉にあきれたから。

エ 老人の考えがわからないから。

（　　　）

(3) ――③のように老人が思ったのは、俊一郎がどんな願いをもっているとわかったからか。文章中から十一字で書き抜きなさい。（20点）

(4) ――④「この町の……飛んでいた」様子を、たとえを用いて表現している一文を、文章中から書き抜きなさい。（20点）

（　　　）

(5) この場面で老人が俊一郎に対して抱《いだ》いている感情が表れている表情を、文章中から書き抜きなさい。（20点）

（　　　）

得点UP

1 (2) あとに続けて書かれている俊一郎の思いに注目する。
(5) 初めはかたかった老人の表情が、少しずつ変化したことに注意する。

随筆《ずいひつ》①

点
合格点：80点／100点

1 次の文章を読んで、あとの問いに答えなさい。

知床《しれとこ》の番屋のある漁師は、撃《う》っても撃ってもヒグマが出てくるために、①彼《かれ》らの世界を犯しているのは自分たちではないかと考えるようになった。そこで撃たないようにしたら、ヒグマは漁師たちが網《あみ》仕事をしているすぐそばにきても、何もせずただそこにいるだけなのだ。[A]は理由がなければ闘争《とうそう》はしない。姿を見ただけでなんでもかんでも殺すのは、[B]だけなのである。

ヒグマがそばにきても、漁師は気にもせずに自分の仕事をする。ヒグマにしても、人間が自分たちの暮らしを邪魔《じゃま》立てするわけでもないから、②ヒグマは天真爛漫《てんしんらんまん》に生きているだけである。人間を気にせずに生きているのだ。

ヒグマ自身は自覚してはいないだろうが、人間がはいってきてから川にサケやマスが格段に多く遡上《そじょう》するようになった。孵化《ふか》事業をしているからである。もちろん人間の側からしても、ことさらにヒグマを驚《おどろ》かせるようなことはしないよう特に注意をしている。

ここに世界でも類を見ない、人間と野生のヒグマが共存する奇跡《きせき》的な空間が出現したのだ。

（立松和平《たてまつわへい》「知床の四季を歩く」〈樹立社《じゅりつ》〉より）

(1) ――①「彼らの世界を犯している」ということを、ヒグマの立場から表している部分を、文章中から十八字で書き抜《ぬ》きなさい。（25点）

(2) [A]・[B]に入る言葉を次から選び、それぞれ記号で答えなさい。（15点×2）

ア　人間
イ　ヒグマ

A（　　）　B（　　）

(3) ――②「ヒグマは……生きている」は、ヒグマがどうすることか。適切なものを次から選び、記号で答えなさい。（20点）

ア　山奥《やまおく》に隠《かく》れて暮らそうとすること。
イ　自由にありのままに生活すること。
ウ　無意識に人間の邪魔をすること。
エ　人間に甘《あま》えながら生活すること。

（　　）

(4) 筆者は、ヒグマと人間が生きる知床をどのようなところだと表現しているか。文章中から二十字で書き抜きなさい。（25点）

得点UP

1 (2) 一つ目の段落の内容から、ヒグマと人間の関係をとらえる。
(4) 知床のヒグマと人間の関係は、**一般《いっぱん》的に考えられる人間とクマの関係とは異なるもの**である。

随筆《ずいひつ》②

点

合格点：75点／100点

1 次の文章を読んで、あとの問いに答えなさい。

生物間の生態系とは食物連鎖《れんさ》の流れが中心であり、あらゆる生物は自分より弱い生命を食べて生き延びている。私たち人間も、魚や植物や家畜《かちく》を食べなければ命を養うことはできない。人間がその生態系の中に位置するということは、［　　］ということなのだ。

知床《しれとこ》の野生の生態系は、陸上で最大の動物であるヒグマが歩き、空には猛禽《もうきん》類のオオワシやオジロワシが飛んで、海にはクジラやトドが泳いで、完全であるといえる。そこにすべての食物連鎖の頂点に位置する人間がいて、漁業をしている。地球の生態系とは、人間を排除《はいじょ》したところに成立するのではない。人間が生きられる生態系でなければならないのである。

①「俺《おれ》たちが自然を大切にしてきたからこそ、世界自然遺産にも登録されるのじゃないか。世界自然遺産のために、何かを特別につくるということではない」

知床が世界自然遺産に登録するにふさわしいかと、②議論がかまびすしい頃《ころ》に、番屋の船頭が私に向かってふといった言葉である。まことに正論だと私は思ったしだいである。

（立松《たてまつ》和《わ》平《へい》「知床の四季を歩く」〈樹立《じゅりつ》社〉より）

(1) ［　　］に入る言葉として適切なものを次から選び、記号で答えなさい。（25点）

ア 野生の生きものと肩《かた》を並べる
イ 野生の生きものに食べられる
ウ 野生の力で生き抜《ぬ》いていく
エ 野生の生きものも食べる

（　　）

(2) ——①についての筆者の意見が述べられている一文を、文章中から書き抜きなさい。（25点）

（　　）

(3) ——②「議論がかまびすしい」とあるが、ここではどういう意味か。適切なものを次から選び、記号で答えなさい。（25点）

ア いろいろな議論が飛び交っている。
イ 一部の人が大声で議論している。
ウ やっと議論され始めた。
エ ひそかに議論し続けている。

（　　）

(4) 筆者は、地球の生態系について、どのようなものでなければならないと考えているか。文章中の言葉を使って説明しなさい。（25点）

（　　）

得点UP

1 (2) 筆者は、——①の言葉の内容に**賛同している**ことを理解する。
(3) 「かまびすしい」は「やかましい」という意味だが、ここでは単に声や音の大きさを意味しているのではない。

説明文①

点

合格点：80点／100点

1 次の文章を読んで、あとの問いに答えなさい。

田植えがはじまると、野には人間たちのあからさまな喜びの声がひろがるのだ。①土に働きかければ、必ず応えてくれる。季節は毎年違《ちが》い、暑い時もあれば、寒さの夏もある。自然の変化を解読し、人はその年の追肥の組み立てを考える。これをおこたれば、結果は見えているのだ。五十年米づくりをしている人は、その五十年間同じ年は二つとしてなく、②いつも一年生だと笑う。（A）

水分と肥料分をたっぷり含《ふく》んだ軟《やわ》らかな土が、まだ心細い稲《いね》の苗《なえ》の白い根をがっちりと受けとめる。水に沈《しず》んでいるような幼い葉は、根が吸い上げる養分と水分によって立ち上がっていく。（B）

除草剤《じょそうざい》で一気に処理するのでなければ、草取りは難儀《なんぎ》な仕事だ。雑草と呼ばれる草も、稲科の植物が多くて、③その生息環境《かんきょう》は彼《かれ》らにとってまことに好ましいのである。新鮮《しんせん》な水はあるし、栄養分もたっぷりとある。天と地の間で生きる力といえば、稲に負けるものではない。根は懸命《けんめい》に伸《の》びて力いっぱい土をつかんでいるから、引っぱっても簡単に抜《ぬ》けない。草取りの人間の側からいえば、屈《かが》んでやる仕事の上、太陽が頭上と水面と二方向から照りつけるので、苦しいことこの上ない。（C）

（立松和平《たてまつわへい》「一人旅は人生みたいだ」〈アーツアンドクラフツ〉より）

(1) 次の一文は、文章中のA～Cのどこに挿入《そうにゅう》するのがよいか。記号で答えなさい。（20点）

・太陽も天から惜《お》しみなく照りつける。

（　　）

(2) ――①「土に働きかけ」ることの具体例が書かれている一文を、書き抜きなさい。（20点）

（　　）

(3) ――②「いつも一年生だ」と言う理由を、次から選び、記号で答えなさい。（20点）

ア 田植えのやり方は毎年進歩するから。
イ 毎年、謙虚《けんきょ》な気持ちで行うから。
ウ 稲の種類は毎年違うものだから。
エ 自然の変化は毎年違うから。

（　　）

(4) ――③とあるが、稲の生息環境が「好ましい」のは、「彼ら」がどういう植物だからか。文章中の言葉を使って説明しなさい。（20点）

（　　）

(5) 雑草の力強さを具体的に述べている一文を探し、初めの五字を書きなさい。（20点）

□□□□□

得点UP

1 (1)「太陽」が**何に「照りつける」のか**を考える。「太陽も」とあることにも注意。
(4)「彼ら」とは、「雑草」を指していることに注意しよう。

説明文②

点

合格点：75点／100点

1 次の文章を読んで、あとの問いに答えなさい。

この大地に①水を均質にためておく土木工事とは、どれほど大規模なことであったかと考える。もともと日本はほとんどが森林の上、起伏《きふく》に富んだ山でできている。人の営みは、長い時間をかけて風景をつくり変えてきた。それが私たちの歴史というものなのである。山の木を伐《き》り根を掘《ほ》り起こしただけでは、畑にはなるが、田んぼにはならない。斜面《しゃめん》を削《けず》って棚《たな》をつくり、水が均質の深さにたまるようにする。水の深さが一定でなければ、稲《いね》の成長にばらつきがでて、一度に稲刈《いねか》りをすることができない。収穫《しゅうかく》が不可能になってしまう。私たちの祖先は、この大工事をやり切ったのである。②私たちが美しいと感じる景色の中に、この大地で生きてきた祖先たちの汗《あせ》と血と涙《なみだ》とが染《し》みているのだ。

一面の稲が黄金色に染まる秋は、たとえようもない美しさだ。一粒万穂《いちりゅうまんぼ》に穂《ほ》の籾《もみ》が、内部に甘《あま》くふくらんだ米をはち切れそうにため、風が吹《ふ》くたび澄《す》んだ音を立てる。春の恋愛《れんあい》感情が、こうして秋には実ったのである。③大地は必ず応えてくれる。この信頼《らい》があったからこそ、私たちは長い□の糸を紡《つむ》いでくることができたのだ。

（立松和平《たてまつわへい》「一人旅は人生みたいだ」〈アーツアンドクラフツ〉より）

(1) ――①「水を……土木工事」は、なぜ必要なのか。それがわかる一文を探し、初めの五字を書きなさい。（25点）

(2) ――②「私たちが……景色」とあるが、この美しい景色を具体的に書いているひと続きの二文を探し、初めと終わりの五字を書きなさい。（句読点を含《ふく》む。）（完答25点）

□□□□□～□□□□□

(3) ――③「大地は必ず応えてくれる。」とは、どういうことか。適切なものを次から選び、記号で答えなさい。（25点）

ア　私たちの祖先が大地を切り開いたことが、風景の変化となって現れてくること。
イ　稲の成長のために人が春から大地に働きかけていけば、必ず秋に実ること。
ウ　大地が長い歴史の中で変化すること。
エ　自然の変化に、大地は必ず対応していくこと。

（　　）

(4) □に入る漢字二字の言葉を、文章中から書き抜《ぬ》きなさい。（25点）

得点UP

1 (3)　ここでの「応える」とは、何らかの働きかけに対して応じる（報いる）ことである。
(4)　文章の中心となる内容が、**私たちの祖先が長い時間をかけて田をつくってきたこと**であることに注目。

論説文①

点

合格点：75点／100点

1 次の文章を読んで、あとの問いに答えなさい。

　科学の新しい芽生えを期待する方向がある。私が「等身大の科学」と呼ぶもので、「等身大」には三つの意味を込《こ》めている。一つは、対象のサイズが等身大であるということ。「超《ちょう》」や「極」が定冠詞《ていかんし》に付く①極限状態にばかり目を向けるのではなく、私たちが日常的に接する「等身大の対象や現象」を相手にするのだ。二つ目は、「研究費が等身大」であるということ。巨大《きょだい》な装置や機械を必要とせず、私たちの体を精いっぱい使ってデータを集めるのだ。三つ目は、誰《だれ》でもが（特に、子供たちが）気軽に参加できるという意味で「等身大の取り組み」であるということ。誰もが身近に感じ、自分も何らかの寄与《きよ》ができる、そんな科学を構想するのだ。

　このような②「等身大の科学」を強調するのも、現代の科学があまりに専門分化し、科学者があまりにアカデミックな世界に閉じ込もることへの反省があるからだ。また、科学の世界も経済と同じく右肩《みぎかた》上がりの成果主義に陥《おちい》り、科学と人間や社会との関係を考えなくなってしまった。それらが人々から科学を遠ざけた原因の一つであることは確かだろう。二十一世紀においては自然との共生が大事と説かれているが、自然を征服《せいふく》の対象としてきた科学こそ、それを実践《じっせん》しなければならないと思うのだ。

（池内了《いけうちさとる》「ヤバンな科学」〈晶文社《しょうぶん》〉より）

(1) ——①「極限状態」とほぼ反対の意味で用いられている漢字三字の言葉を、文章中から書き抜《ぬ》きなさい。（25点）

(2) ——②「等身大の科学」の説明としてふさわしくないものを次から選び、記号で答えなさい。（25点）

ア 自分の体を使ってデータを集めることができる科学。

イ 気軽に取り組むことができる科学。

ウ 普段《ふだん》の生活における現象を対象とする科学。

エ 自分の思考を中心とした科学。

（　　）

(3) ——②「等身大の科学」を考える元になった、現代の科学者の状況《じょうきょう》を述べた部分を、文章中から二十字以内で書き抜きなさい。（25点）

(4) 筆者は——②として、どのような科学を実践することが必要だと述べているか。文章中の言葉を使って書きなさい。（25点）

（　　）

得点UP

1 (3) 筆者が「等身大の科学」を強調する原因となった、現代の科学の状況をとらえる。
(4) 筆者は、**これまで実践してきた科学とは違《ちが》うもの**が必要だと述べている。

論説文②

点

合格点：80点／100点

1 次の文章を読んで、あとの問いに答えなさい。

最も手近なのは、①生態系の観察である。田圃《たんぼ》や里山、川や湖、そして干潟《ひがた》や海岸などにいる昆虫《こんちゅう》、草花や魚介《ぎょかい》類などを観察し、記録することだ。都会に住んでいるなら、近くの公園でも良いし小学校の校庭でも良い。そこには何らかの生き物がいるだろう。農家と契約《けいやく》して週末に出かける方法もある。

例えば、日本のタンポポと西洋タンポポの見分け方をまず学んでから、付近にあるタンポポがどちらのタイプで、どのように分布しているかの地図を作ってみるとしよう。［ A ］、二つのタイプのタンポポの群れ方がくっきり異なっていることがわかるだろう。なぜ、そんな差があるのか調べてみれば、種によるタンポポの受粉の違《ちが》いがわかり、それは他の草花にも適用できないかと興味が広がっていくのではないだろうか。身近なところに②科学の種はいくらでも転がっているのである。

［ B ］、環境《かんきょう》調査を行うのも等身大の科学である。空気や③水の汚《よご》れ具合をあちこちの場所で調査し比較《ひかく》するのだ。［ C ］、大気中の窒素《ちっそ》酸化物を測定する器具が市販《しはん》されているから、それを使って街角ごとにどれくらい空気が汚れているかを調査するとか、川の水のPH（ペーハー）を測ったり、プランクトンの数を顕微鏡《けんびきょう》で数えたりすることが考えられる。

（池内了《いけうちさとる》「ヤバンな科学」〈晶文社《しょうぶんしゃ》〉より）

(1) ［ A ］～［ C ］に入る言葉を次から選び、それぞれ記号で答えなさい。（10点×3）

ア すると　**イ** 例えば
ウ しかし　**エ** あるいは

A（　　）　B（　　）　C（　　）

(2) ――①について、筆者の考える「生態系の観察」としてふさわしくないものを次から選び、記号で答えなさい。（25点）

ア どんな生物が砂浜《すなはま》にすんでいるか調べる。
イ 研究室の顕微鏡で微生物を観察する。
ウ 校庭で草花の観察をする。
エ 公園にすむ野鳥を観察する。

（　　）

(3) ――②「科学の種」が発展した例として述べられている一文を文章中から探し、初めの五字を書きなさい。（句読点を含《ふく》む。）（25点）

□□□□□

(4) ――③「水の汚れ具合」を調べる方法について筆者が述べている部分を文章中から探し、初めと終わりの四字を書きなさい。（完答20点）

□□□□～□□□□

得点UP

1 (1) 前後の文の結びつきを考えよう。**イ**「例えば」は、あとに前の部分の**具体例**を挙げるときに使う。
(2) この段落の内容と、それぞれの選択肢《せんたくし》とを照らし合わせて考えよう。

俳句

点

合格点：80点／100点

1　次の俳句を読んで、あとの問いに答えなさい。

A　よろこべばしきりに落つる木《こ》の実かな　富安風生《とみやすふうせい》

B　をり《（折り）》とりてはらりとおもきすすきかな　飯田蛇笏《いいだだこつ》

C　啄木鳥《きつつき》や落ち葉をいそぐ牧《まき》の木々　水原秋桜子《みずはらしゅうおうし》

D　草の中やひとかたまりのすすきの芽　河東碧梧桐《かわひがしへきごとう》

E　流れゆく大根の葉のはやさかな　高浜虚子《たかはまきょし》

(1)　A～Dの俳句から、それぞれ切れ字を書き抜《ぬ》きなさい。（6点×4）

A（　　）　B（　　）

C（　　）　D（　　）

(2)　B・Eの俳句の季語をそれぞれ書き抜き、その季語が表す季節を書きなさい。（5点×4）

B　季語（　　）　季節（　　）

E　季語（　　）　季節（　　）

(3)　Aの俳句の鑑賞《かんしょう》文として適切なものを次から選び、記号で答えなさい。（18点）

ア　自然の恵《めぐ》みに対する喜びを詠《よ》んでいる。

イ　作者の感情を情景に反映させて詠んでいる。

ウ　日々のありふれた営みを、軽快に表現している。

（　　）

(4)　A～Eの俳句のうち、字余りの俳句はどれか。記号で答えなさい。（6点）（　　）

(5)　B～Dの俳句のうち、季節の移り変わりの様子を描《えが》いた俳句はどれか。記号で答えなさい。（16点）（　　）

(6)　A～Eの俳句のうち、体言止めの俳句はどれか。二つ探し、記号で答えなさい。（8点×2）（　　）・（　　）

得点UP

1　(1)　C・Dのように、初めの五音のところに意味の切れ目を設けたものを「**初句切れ**」という。
(4)　俳句は「五音・七音・五音」で構成されるが、それより音数が多くなるものを「**字余り**」という。

古文①

点

合格点：80 点／100 点

1 次の古文を読んで、あとの問いに答えなさい。

史《さかん》は、公務からの帰り道、牛車の中で着物を脱《ぬ》ぎ、冠《かんむり》と足袋《たび》だけで座っていた。

盗人《ぬすびと》寄り来たりて、車の①簾《すだれ》を引き開けて見るに、裸《はだか》にて*史《さくわん》ⓐゐたれば、盗人、②あさましと思ひて、「こは、いかに」とⓑ問へば、史、「東《ひんがし》の大宮にて③かくのごとくなりつる、*君達《きんだち》寄り来たりて、己《おの》れが装束《さうぞく》をばみな召《め》しつ」と、笏《しやく》を取りて、*よき人に物申すⓒやうにかしこまりて答へければ、盗人咲《わら》ひて棄《す》てて去りにけり。

（「今昔物語集《こんじゃくものがたりしゅう》」より）

＊史…役人。ここでは、阿蘇《あそ》の史。
＊君達…あなた様たち。
＊よき人…高貴な人。

(1) 〰ⓐ〜ⓒを、現代仮名遣《かなづか》いに直して、すべて平仮名で書きなさい。（5点×3）

ⓐ（　　　）　ⓑ（　　　）
ⓒ（　　　）

(2) ——①の主語を、文章中から書き抜《ぬ》きなさい。（15点）

（　　　）

(3) ——②「あさまし」は、何（だれ）のどんな様子についての言葉か。適切なものを次から選び、記号で答えなさい。（20点）

ア 盗人の、車に近寄ってきた様子。
イ 盗人の、裸で立っていた様子。
ウ 史の、車の中から外へ飛び出した様子。
エ 史の、裸で座っていた様子。

（　　）

(4) ——③「かくのごとくなりつる」の理由が述べられている部分を文章中から探し、初めと終わりの五字を書きなさい。（完答15点）

□□□□□〜□□□□□

(5) ——③「かくのごとくなりつる」とあるが、どうなったと言っているのか。文章中から漢字一字の言葉を書き抜きなさい。（15点）

□

(6) この文章の内容として適切なものを次から選び、記号で答えなさい。（20点）

ア 史が機転をきかせて盗人を遠ざけた。
イ 盗人が史に情けをかけて見逃《みのが》した。
ウ 史がうっかり盗人に二度も出会った。
エ 史が盗人を高貴な人物だと勘違《かんちが》いした。

（　　）

得点UP

1 (3)「あさまし」は**意外で驚《おどろ》く**様子を表す。まず、「あさまし」と思ったのはだれかをとらえる。
(6) この文章の最後で盗人がどうしたのかということから考える。

古文②

点

合格点：80点／100点

1 次の古文を読んで、あとの問いに答えなさい。

全昌寺《ぜんしやうじ》といふ寺に泊《とま》る。ⓐなほ加賀《かが》の地なり。*曾良《そら》も前の夜、この寺に①泊《とま》りて、

　よもすがら秋風聞くや裏の山

と残す。②一夜《いちや》のへだて千里に同じ。われも秋風を聞きて衆寮《しゆれう》に臥《ふ》せば、あけぼのの空近う読経《どきやう》声澄《す》むままに、鐘板《しやうばん》鳴つて食堂《じきだう》に入る。ⓑけふは越前《ゑちぜん》の国へと、心早卒《さうそつ》にして堂下にくだるを、若き僧《そう》ども、紙・硯《すずり》をかかへ、階《きざはし》のもとまで③追ひ来たる。をりふし、庭中の柳《やなぎ》散れば、

　庭掃《は》いて④出《い》でばや寺に散る柳

ⓒとりあへぬさまして、わらぢながら⑤書き捨つ。

（「おくのほそ道」より）

＊曾良…「おくのほそ道」の作者である松尾《まつお》芭蕉《ばしょう》の弟子。芭蕉と二人で旅に出たが、少し前に別れ、曾良が先を行っていた。

(1) ⓐ〜ⓒを、現代仮名遣《かなづか》いに直して、すべて平仮名で書きなさい。（5点×3）

ⓐ（　　　）　ⓑ（　　　）
ⓒ（　　　）

(2) ――①・③・⑤の主語を次から選び、それぞれ記号で答えなさい。（5点×3）

ア 作者　**イ** 曾良　**ウ** 若き僧ども

①（　　）　③（　　）　⑤（　　）

(3) この文章から、作者が寺で過ごした時間の経過がわかる一文を探し、初めの五字を書きなさい。（20点）

□□□□□

(4) ――②「一夜のへだて千里に同じ。」に表れている作者の心情として適切なものを次から選び、記号で答えなさい。（25点）

ア 一夜にして千里もの距離《きょり》を進んだ曾良を、頼《たの》もしく思う心情。
イ 曾良と別れて旅することを、寂《さび》しく思う心情。
ウ ほんの一夜だけの差ですれ違《ちが》った偶然《ぐうぜん》を喜ぶ心情。

（　　　）

(5) ――④「出でばや」の解釈《かいしゃく》として適切なものを次から選び、記号で答えなさい。（25点）

ア 出発したいものだ
イ 出発してしまったか
ウ 出発しなければならないのか

（　　　）

得点UP

1 (3) この文章には、夜、寺に泊《と》まってから、朝、旅立つまでのことが書かれている。
(5) 「ばや」は、**願望を表す終助詞**。

漢文

点

合格点：80点／100点

1 次の漢文と書き下し文を読んで、あとの問いに答えなさい。

〔漢文〕

子《し》曰《いハク》、「吾《われ》十有五《ニシテ》而志《こころざス》㆓于学《ニ》㆒。三十《ニシテ》而立《ツ》。①四十而不惑。②五十而知天命。六十《ニシテ》而耳順《したがフ》。七十《ニシテ》而③従《したがヒテ》㆓心《ノ》所《ニ》㆒㆑欲《ほつスル》不《ずト》㆑踰《こエ》㆑矩《のりヲ》。」

〔書き下し文〕

④子曰はく、「⑤吾十有五にして学に志す。三十にして⑥立つ。四十にして惑《まど》はず。五十にして天命を知る。六十にして耳順ふ。七十にして（　　　　）矩を踰えず。」と。

（「論語《ろんご》」より）

(1) ――①・②に、書き下し文を参考にして返り点と送り仮名《がな》を付けなさい。（各完答10点×2）

① 四十而不惑。

② 五十而知天命。

(2) ――③を、返り点・送り仮名に従って、書き下し文に直して書きなさい。（20点）

（　　　　）

(3) ――④「子」とは、だれのことか。次から選び、記号で答えなさい。（10点）

ア 弟子　イ 孔子《こうし》　ウ 老子《ろうし》

（　　）

(4) ――⑤「十有五にして学に志す」の解釈《かいしゃく》として適切なものを次から選び、記号で答えなさい。（20点）

ア 十五歳《さい》のころ学問を諦《あきら》めた。

イ 十五歳までに学問をすべて終えた。

ウ 十五歳のとき学問の道に進もうと決めた。

（　　）

(5) ――⑥「立つ」の意味する内容に、最も近い言葉を次から選び、記号で答えなさい。（15点）

ア 立身　イ 確立　ウ 対立

（　　）

(6) 漢文の中から、「人の言葉を素直に聞けるようになった。」という意味の言葉を、漢字二字で書き抜《ぬ》きなさい。（15点）

□□

得点UP

1 (3)「論語」は、この人物や弟子たちの発言や行動をまとめたものである。

(5)「立つ」は、自分自身の志した学問が、三十歳でどうなったかを言っていることに注意。

総復習テスト（国語）

目標時間：20 分　　点　　合格点：80 点／100 点

1 次の文章を読んで、あとの問いに答えなさい。

このような観察や調査によるデータは、長年の間ⓐチクセキされると科学者にとっても有用なデータとなるから、ⓑ小中学校の総合学習などで行われるのが望ましい。理科バナれを食い止めるためにも有効かもしれない。文部科学省は、このような活動に予算をⓒサくような英断はできないものかと思う。かつて、自由学園の女生徒たちが「霜柱《しもばしら》の研究」を行って、物理学者の中《なか》谷宇吉郎《やうきちろう》の□を巻かせたことがあった。そのような①等身大の科学が復活することを願っている。

さらに、②これまで得られてきた科学の知見を総合化し、文学やアートとも結びついた「文化としての科学」へと*昇華《しょうか》させることが二十一世紀の課題ではないだろうか。「自然との対決」型の旧来の科学ではなく、「自然を丸ごと捉《とら》え直す」科学である。病んだ自然は、人間がそのように変わってくれることを待ち望んでいるに違《ちが》いない。

（池内了《いけうちさとる》「ヤバンな科学」〈晶文社《しょうぶんしゃ》〉より）

＊昇華…物事がより上の段階に高められること。

(1) ⓐ～ⓒの片仮名《かたかな》を、漢字に直して書きなさい。（3点×3）

ⓐ（　　）　ⓑ（　　）　ⓒ（　　）

(2) □に入る言葉を次から選び、記号で答えなさい。（8点）

ア 顔　**イ** 頭
ウ 口　**エ** 舌

（　　）

(3) ―①「等身大の科学」の具体例に当たるものを、文章中から五字で書き抜《ぬ》きなさい。（8点）

□□□□□

(4) ―②「これまで得られてきた」から、助動詞をすべて書き抜きなさい。（完答10点）

（　　）

(5) 筆者がこれからの科学に求めていることとして適切なものを次から選び、記号で答えなさい。（10点）

ア 自然に対する考え方を総合的にとらえ、自然に打ち勝つ手段を再度考えること。

イ 今までの科学的知識をまとめ、芸術とも結びつけ、再び、自然を全体としてとらえること。

ウ 自然の要素を一つ一つ別個に考えるのではなく、全体で一つの自然ととらえること。

エ 自然の中で孤立《こりつ》した人間を、自然の一部として変化させていくこと。

（　　）

裏面へ

2 次の古文を読んで、あとの問いに答えなさい。

①にしとみといふ所の山、絵よくかきたらむⓐ屏風《びやうぶ》を立てならべたらむやうなり。②片《かた》つ方《かた》は海、浜《はま》のさまも、寄せかへる浪《なみ》のけしきも、いみじうおもしろし。

*もろこしが原といふ所も、砂子《すなご》のⓑいみじう白きを二三日《ふつかみか》ゆく。「夏は*やまとなでしこの、濃《こ》くうすく③錦《にしき》を引けるやうになむ咲《さ》きたる。④これはⓒ秋の末《すゑ》なれば見えぬ」と言ふに、なほ所々はうちこぼれつつ、あはれげに咲きわたれり。「もろこしが原に、やまとなでしこも*咲きけむこそ」など、⑤人々をかしがる。

（「更級日記《さらしなにっき》」より）

＊もろこしが原…地名。「唐土《もろこし》」は当時、中国を意味していた。　＊しも…強調の助詞。

＊やまとなでしこ…植物の名。

(1) ⓐ〜ⓒを、現代仮名遣《かなづか》いに直して、すべて平仮名で書きなさい。（3点×3）

ⓐ（　　）　ⓑ（　　）　ⓒ（　　）

(2) ――①の景色についての作者の感想として適切なものを次から選び、記号で答えなさい。（10点）

ア 有名な屏風の絵に似ているような景色。

イ きれいな絵の屏風を立て並べたような景色。

ウ すぐに絵を描《えが》きたくなるような景色。

エ 高い屏風に囲まれているような景色。

（　　）

(3) ――②「片つ方は海」について、この景色に対する作者の感想を表す言葉を、文章中から書き抜《ぬ》きなさい。（10点）

（　　）

(4) ――③「錦を……咲きたる」に使われている表現技法を次から二つ選び、記号で答えなさい。（3点×2）

ア 枕詞《まくらことば》　**イ** 係り結び

ウ 比喩《ひゆ》　**エ** 体言止め

（　　）・（　　）

(5) ――④「これは……見えぬ」の解釈《かいしゃく》として適切なものを次から選び、記号で答えなさい。（10点）

ア 今は秋の終わりなので、その景色は見られない。

イ 花は秋の終わりになれば、きれいに咲き乱れる。

ウ ここには秋の終わりごろに訪れるつもりだ。

エ その景色は、秋の終わりごろまでは見ることができるはずだ。

（　　）

(6) ――⑤について「人々」は何を「をかしが」ったのか。次から選び、記号で答えなさい。（10点）

ア 「もろこし」という地名を「やまと」と間違《まちが》えた失敗。

イ 「もろこし」という地名をこの土地につけた機転。

ウ 「もろこし」という言葉のもつ響《ひび》きの優しさ。

エ 「もろこし」という地名と「やまとなでしこ」という花の名の組み合わせ。

（　　）

水圧と浮力

点

合格点：76点／100点

1　**水圧《すいあつ》と浮力《ふりょく》に関する次の文の①～③にあてはまる語を，次のア～キから選び，記号で答えなさい。**（12点×3）

水中にある物体に水がおよぼす圧力を水圧という。水圧は，深いところほど①（　　），物体に②（　　）はたらき，同じ深さでは大きさが等しい。水中の物体にはたらく③（　　）は，物体の上面と下面にはたらく水圧の差による。

ア　上から下向きに　**イ**　下から上向きに　**ウ**　あらゆる方向から
エ　大きく　**オ**　小さく　**カ**　抗力《こうりょく》　**キ**　浮力

2　**直方体が，上の面を水面と平行にして，水面から1mのところに沈《しず》んでいる。次の問いに答えなさい。**（14点×2）

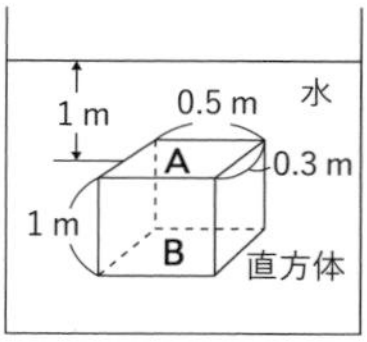

(1)　直方体の上の面Aにはたらく水圧と下の面Bにはたらく水圧では，どちらが大きいか。（　　　）

(2)　Aの面にはたらく水圧は10000 Paである。Aの面が，水から押《お》される力の大きさは何Nか。（　　　）

3　**空気中で物体をばねばかりにつるすと1.8Nを示した。次の問いに答えなさい。**（12点×3）

図1

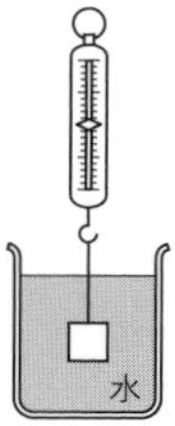

図2

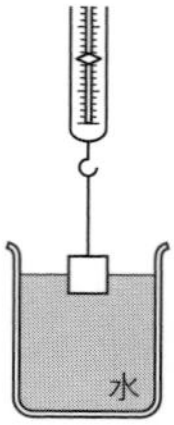

(1)　図1のように，物体を水中に沈めると，ばねばかりは1.2Nを示した。この物体にはたらく浮力は何Nか。（　　　）

(2)　次の①，②のとき，ばねばかりが示す値《あたい》を**ア～ウ**からそれぞれ選べ。

①　物体を図1からさらに深く沈めたとき。（　　）
②　図2のように，物体を半分だけ水中に入れたとき。（　　）

ア　1.2Nより大きくなる　**イ**　1.2Nより小さくなる　**ウ**　変わらない

得点UP

2　(1) BはAより深い位置にあることから考える。
3　(1)浮力 ＝ 空気中での重さ － 水中での重さ

力の合成・分解

点
合格点：82点／100点

1　次の文の①～⑤にあてはまる語を書きなさい。 （8点×5）

(1)　2つの力 F_1，F_2 がはたらいているとき，同じはたらきをする1つの力 F におきかえて表すことを，力の①（　　　　　）という。また，力 F を力 F_1，F_2 の②（　　　　　）という。力を矢印で表すとき，F を表す矢印は，F_1，F_2 を表す矢印をとなり合う2辺とする③（　　　　　）の対角線で表される。

(2)　1つの力 F がはたらいているとき，同じはたらきをする2つの力 F_1，F_2 に分けることを，力の④（　　　　　）という。また，力 F_1，F_2 をそれぞれ力 F の⑤（　　　　　）という。F を表す矢印を対角線として，（③）を作図する方法で F_1，F_2 の矢印を求めることができる。

2　次の問いに答えなさい。 （10点×6）

(1)　①～③の図で，力 F_1，F_2 の合《ごう》力《りょく》 F を作図せよ。

①　②　③

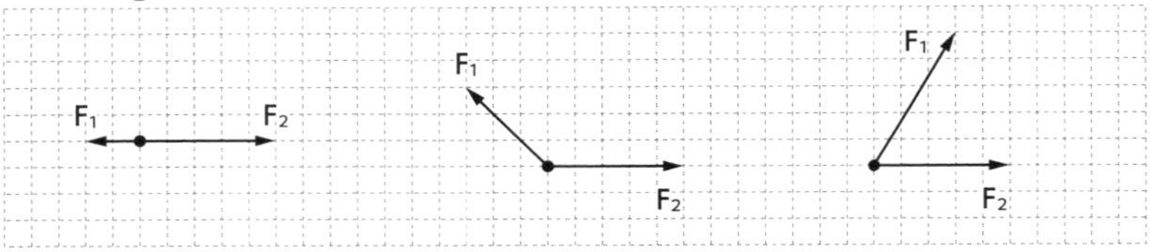

(2)　④～⑥の図で，力 F の分《ぶん》力《りょく》を作図せよ。ただし，分力の方向は各図に示された X，Y の方向とする。

④　⑤　⑥

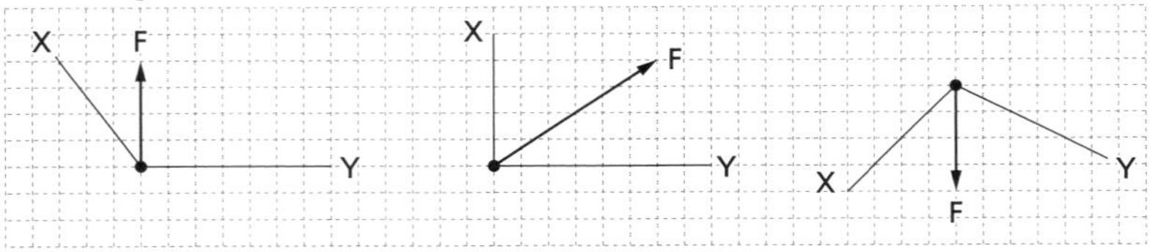

得点UP

2　(1)②と③では F_1 と F_2 で平行四辺形をつくる。
(2)矢印の頭から，X，Y に平行な直線を引く。

物体の運動／作用・反作用

点
合格点：82 点／100 点

1

1秒間に60打点する記録タイマーを使って，図1のような斜面《しゃめん》を下る台車の運動を調べ，図2のように紙テープを6打点ごとに区切った。次の問いに答えなさい。　(9点×4)

図1

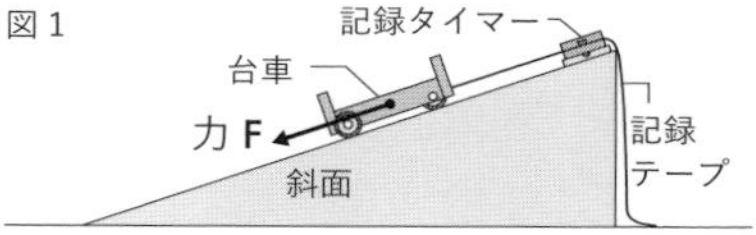

図2

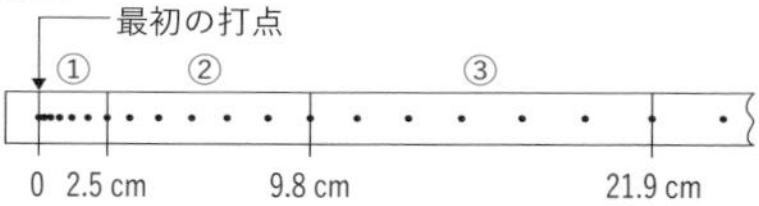

(1)　次の文の①～③にあてはまる語を書け。
　物体が斜面を下る運動では，斜面方向に沿って①（　　　）の大きさの②（　　　）が物体にはたらき続けているため，速さは時間がたつにつれて③（　　　）なっていく。

(2)　図2で，区間③の台車の平均《へいきん》の速《はや》さは，何 cm/s か。　（　　　）

2

右の図は，1秒間に50打点打つ記録タイマーで台車の運動を記録した紙テープである。次の問いに答えなさい。　(8点×5)

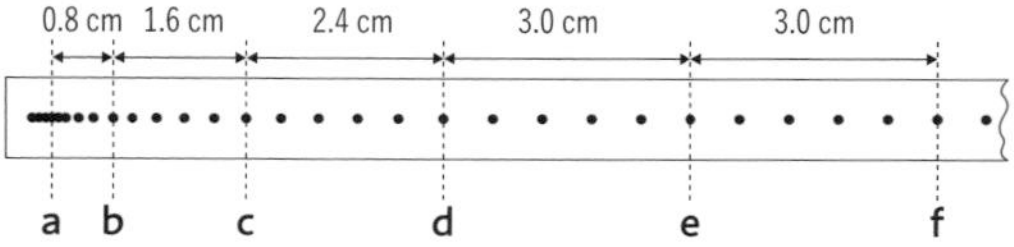

(1)　c 点から d 点まで運動するのにかかった時間は何秒か。　（　　　）

(2)　b 点から d 点までの平均の速さは，何 cm/s か。　（　　　）

(3)　d 点以降の，この物体の運動を何というか。　（　　　）

(4)　d 点以降，(3)の運動を続けるのは，何という性質によるか。　（　　　）

(5)　d 点以降の，この台車の速さは何 cm/s か。　（　　　）

3

右の図について，次の問いに答えなさい。　(8点×3)

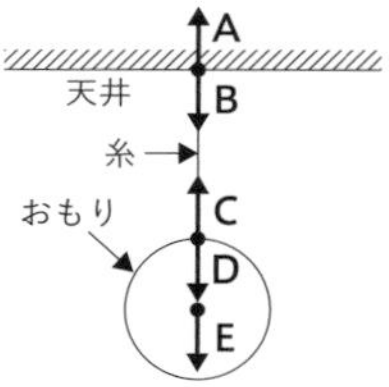

(1)　次の文の①，②にあてはまる語を答えよ。
　糸が天井《てんじょう》を B の力で引くと，天井は糸を A の力で引く。
　このとき，A と B は①（　　　）と②（　　　）の関係にある。

(2)　A，B と同じ関係の力はどれか。　（　　と　　）

得点UP

❶　(2) 1 打点が $\frac{1}{60}$ 秒だから，6 打点では $\frac{1}{60}$ s×6＝0.1 s。距離は 21.9 cm－9.8 cm＝12.1 cm。

❷　(2) b－d 間の時間は 0.2 秒，距離《きょり》は 4.0 cm。

仕事

点

合格点：84点／100点

※100 g の物体にはたらく重力の大きさを1Nとする。滑車《かっしゃ》やひもの質量，摩擦《まさつ》は考えない。

1 右の図のように，質量4kg のおもりを地面から2m の高さまで引き上げた。次の問いに答えなさい。 (7点×3)

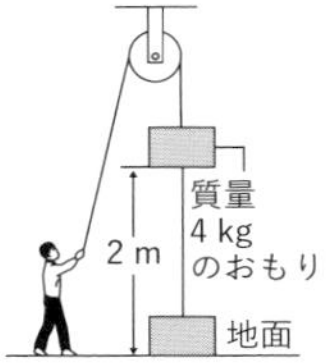

(1) 人がひもを引く力の大きさは何Nか。 (　　　　)

(2) このとき，人がおもりにした仕事《しごと》は何Jか。 (　　　　)

(3) おもりを2m 引き上げるのに5秒かかった。このときの仕《し》事《ごと》率《りつ》は何Wか。 (　　　　)

2 右の図のようにして，質量5kg の物体を3m 引き上げた。次の問いに答えなさい。 (8点×5)

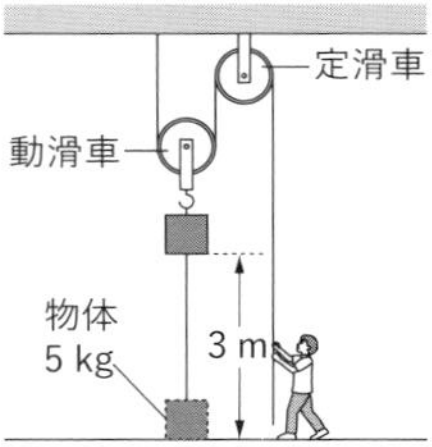

(1) このとき，①ひもを引く力は何Nか。また，②ひもを引く距離《きょり》は何mか。 ①(　　　　) ②(　　　　)

(2) このとき，物体にした仕事の大きさは何Jか。 (　　　　)

(3) 滑車を使って仕事をすると，使わないときに比べて仕事の大きさはどうなるか。 (　　　　)

(4) (3)のことを何というか。 (　　　　)

3 右の図のように，斜面《しゃめん》を使って質量200g の物体を30cm の高さまで引き上げた。次の問いに答えなさい。 ((1)は7点，他は8点×4)

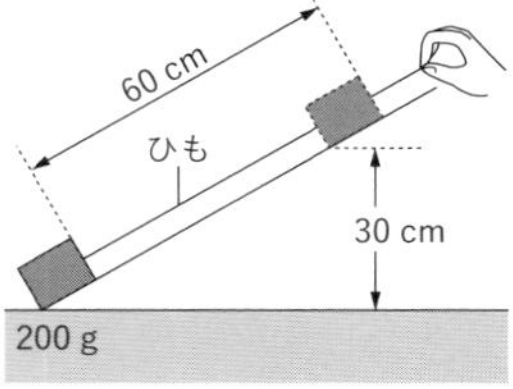

(1) 物体を30cm の高さまで引き上げるのに必要な仕事の大きさは何Jか。 (　　　　)

(2) このとき，物体を引き上げるのに必要な力の大きさは何Nか。 (　　　　)

(3) 斜面の傾《かたむ》きを大きくすると，①物体を引く力，②物体を引く距離，③仕事の大きさはそれぞれどうなるか。

①(　　　　) ②(　　　　) ③(　　　　)

得点UP

2 (1)動滑車を1つ使うと，ひもを引く力は半分になり，ひもを引く距離は2倍になる。

3 (3)高さが同じとき，斜面の傾きを大きくするほど，斜面の長さは短くなる。

エネルギー

点

合格点：84点／100点

1

右の図のような斜面《しゃめん》を使い，質量20gの小球を，いろいろな高さから転がして木片に衝突させた。次の問いに答えなさい。　(9点×3)

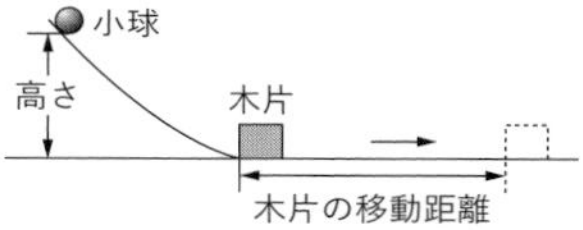

	A	B	C
高さ〔cm〕	5	10	15
木片の移動距離〔cm〕	4	8	12

(1)　表のA～Cで，衝突時に小球がもつ運動エネルギーが最も大きいのはどれか。　(　　　)

(2)　表の結果から，木片の移動距離《きょり》について，次の①，②に答えよ。

①高さと木片の移動距離にはどのような関係があるか。　(　　　)

②高さ20cmから転がしたときの木片の移動距離は何cmか。　(　　　)

2

右の図のように，A点から静かに金属球をはなした。次の問いに答えなさい。　(9点×5)

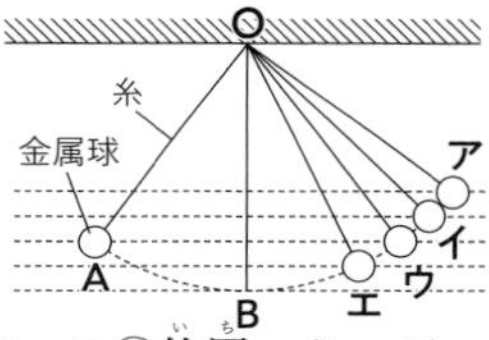

(1)　B点を通った金属球はどの高さまで上がるか。図中のア～エから選び，記号で答えよ。　(　　　)

(2)　金属球がA点からB点まで動くとき，金属球がもっている①位置《いち》エネルギー，②運動《うんどう》エネルギーの大きさはどう変化するか。それぞれ書け。

①(　　　)　②(　　　)

(3)　位置エネルギーと運動エネルギーの和を何というか。(　　　)

(4)　A点とB点における金属球がもつ(3)の大きさについて簡単に書け。

(　　　)

3

次の文は，エネルギーの移り変わりについて述べたものである。文中の①～④にあてはまるものを，下のア～クから選び，記号で答えなさい。　(7点×4)

ダムにたくわえられた水は①(　　)エネルギーをもっている。水が落下するにつれて，①のエネルギーが②(　　)エネルギーに移り変わる。①のエネルギーは③(　　)によって④(　　)エネルギーに移り変わる。

ア　電動機（モーター）　イ　光　ウ　運動　エ　電気
オ　位置　カ　発電機　キ　音　ク　熱

得点UP

1　(1)運動エネルギーが大きいほど，木片の移動距離も大きい。

2　(1)ふりこの位置エネルギーはAの高さの位置が最大で，それ以上にはならない。

水溶液とイオン／電池

点

合格点：80 点 ／ 100 点

1　**次の文の①～⑥にあてはまる語を書きなさい。**　（4点×6）

原子《げんし》は，中心にある①（　　　　）と，（①）のまわりを回る −《マイナス》 の電気を帯びた②（　　　　）からできている。（①）は，＋《プラス》 の電気を帯びた③（　　　　）と電気を帯びていない④（　　　　）からできている。1個の原子がもつ（②）と（③）の数は等しく，符号は逆で1個あたりの電気量も等しいため，原子全体では電気を帯びていない。原子がもつ（③）の数を⑤（　　　　）といい，元素の種類を決めている。（⑤）が同じで（④）の数が異なる原子を⑥（　　　　）という。

2　**次の問いに答えなさい。**　（(2)は6点，他は5点×6）

(1)　水溶液《すいようえき》にしたとき，①陽《よう》イオンと陰《いん》イオンに分かれる物質，②イオンに分かれない物質をそれぞれ何というか。　①（　　　　）　②（　　　　）

(2)　次の**ア**～**オ**のうち，(1)の①にあてはまる物質を3つ選べ。　（　　　　）

ア　エタノール　　**イ**　塩化水素　　**ウ**　硫酸銅《りゅうさんどう》

エ　砂糖　　**オ**　水酸化ナトリウム

(3)　次の①，②の電離《でんり》のようすを化学式で表せ。ただし，㋐には陽イオン，㋑には陰イオンが入る。

①　NaCl →㋐（　　　）＋㋑（　　　）　②　$CuCl_2$→㋐（　　　）＋㋑（　　　）

3　**右の図のような装置で実験すると，オルゴールが鳴った。次の問いに答えなさい。**　（10点×4）

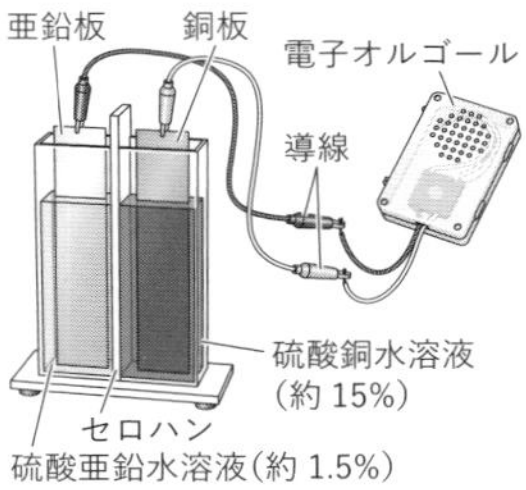

(1)　オルゴールが鳴り始めると，銅板の表面に赤い物質が付着した。この物質名を書け。　（　　　　）

(2)　(1)の化学変化を表した次の式の（　　）に化学式を入れて式を完成させよ。

（　　　）＋ $2e^-$ →（　　　）　（e^- は電子《でんし》を表している。）

(3)　亜鉛板を銅板に変えると，電流は流れるか。　（　　　　）

得点UP

3　(2)銅板の表面では水溶液中の陽イオンが電子を受けとる。
(3)電流を通す水溶液に2種類の金属板を入れて，導線でつなぐと電流が流れる。

酸・アルカリ

点

合格点：80点／100点

1

次のア～ウは，塩酸または水酸化ナトリウム水溶液《すいようえき》の性質を述べたものである。これについて，次の問いに答えなさい。（10点×5）

ア　水溶液に赤色リトマス紙をつけると青色になる。

イ　水溶液にBTB溶液を加えると黄色になる。

ウ　水溶液に鉄やマグネシウムを入れると気体が発生する。

(1)　**ア～ウ**のうち，①塩酸，②水酸化ナトリウム水溶液にあてはまる性質をすべて選び，それぞれ記号で答えよ。　①（　　　）②（　　　）

(2)　(1)の①と②の性質は，それぞれの水溶液にどのようなイオンがふくまれるためか。その化学式を書け。　①（　　　）②（　　　）

(3)　**ウ**で発生する気体は何か。化学式で書け。　（　　　）

2

水溶液中のイオンと酸・アルカリの関係を調べるため，右の図のように，台紙の上にリトマス紙**A**～**D**を置いた装置をつくった。次の問いに答えなさい。（10点×5）

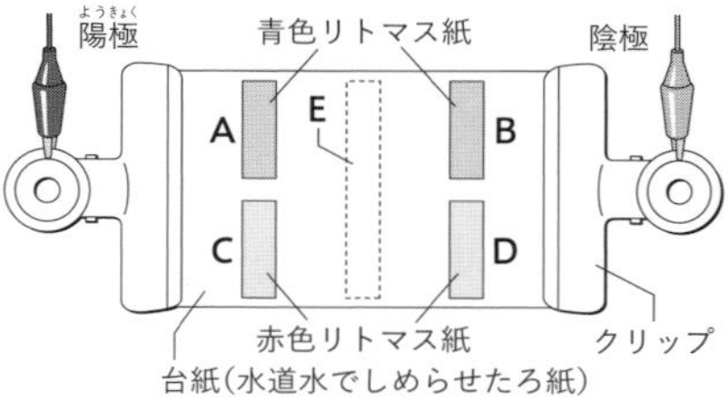

(1)　うすい塩酸をしみこませた細いろ紙を台紙の中央**E**に置いて電圧をかけたとき，その細いろ紙から①左に移動するイオン，②右に移動するイオンを，それぞれ化学式で書け。　①（　　　）②（　　　）

(2)　水酸化ナトリウム水溶液をしみこませた細いろ紙を台紙の中央**E**に置いて電圧をかけたとき，色が変化するリトマス紙はどれか。**A**～**D**から選び，記号で答えよ。　（　　　）

(3)　次の**ア**～**オ**の化合物を酸とアルカリに分け，それぞれ記号で答えよ。

ア　水酸化ナトリウム　**イ**　塩化水素　**ウ**　硫酸《りゅうさん》　酸（　　　）

エ　水酸化カルシウム　**オ**　水酸化バリウム　アルカリ（　　　）

得点UP

❶ (2)酸の水溶液に共通な性質は水素イオン，アルカリの水溶液に共通な性質は水酸化物イオンによる。

❷ (1)塩酸中の陽《よう》イオンは水素イオン，陰《いん》イオンは塩化物イオン。陽イオンは陰極，陰イオンは陽極へ移動。

中和と塩

点
合格点：80点／100点

1 次の問いに答えなさい。

（(1)，(2)は6点×6，その他は12点×2）

(1)　次の①，②にあてはまる語を書け。

塩《えん》とは，酸の①（　　　　）イオンと，アルカリの②（　　　　）イオンが結びついてできた物質である。

(2)　次の（　　）に化学式を入れ，塩化水素と水酸化ナトリウムの電離《でんり》を表す式を完成させよ。

①　$HCl \rightarrow$（　　）+（　　）　　②　$NaOH \rightarrow$（　　）+（　　）

(3)　(2)より，塩酸と水酸化ナトリウム水溶液《すいようえき》が中和《ちゅうわ》してできる塩を，化学式で書け。

（　　　　）

(4)　酸とアルカリの水溶液が中和してできる，塩以外の物質の名称《めいしょう》を書け。

（　　　　）

2 うすい塩酸に水酸化ナトリウム水溶液を少しずつ加え，リトマス紙で調べたら，ある体積のときに，混ぜ合わせた水溶液は青色・赤色のどちらのリトマス紙も変化しなかった。右の図は，このときの水溶液のようすをモデルで表したものである。次の問いに答えなさい。

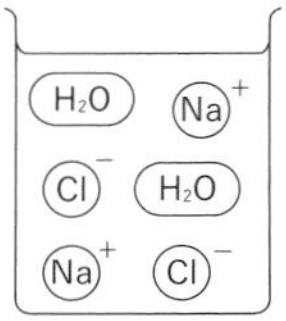

（8点×5）

(1)　この水溶液の性質は何性か。　（　　　　）

(2)　この水溶液をスライドガラスにとり，加熱したときの結果について正しく述べているものはどれか。次の**ア**～**ウ**から選び，記号で答えよ。　（　　　　）

ア　何も残らなかった。　　**イ**　水酸化ナトリウムの白色の固体が残った。

ウ　塩化ナトリウムの白色の固体が残った。

(3)　次の文の①，②にあてはまる語を入れて文を完成させよ。

中和とは，酸の①（　　　　）イオンとアルカリの②（　　　　）イオンが結びついて，水ができる反応である。

(4)　(3)の反応を，化学式を使って式の形で書け。（　　　　　　　　）

得点UP

1 (3)塩酸の陰イオンと水酸化ナトリウム水溶液の陽イオンが結びついて生じる物質。
(4)すべての中和に共通な反応で生じる物質。

エネルギー資源の利用

点

合格点：80点／100点

1 日本の原子力・火力・水力発電について，次の問いに答えなさい。（6点×10）

(1)　次の①～③は上の発電方式のどれかである。［　　］にあてはまる語を書け。

①　［　　　　］エネルギー → 電気《でんき》エネルギー

②　化学《かがく》エネルギー → ［　　　　］エネルギー → 電気エネルギー

③　［　　　　］エネルギー → 熱《ねつ》エネルギー → 電気エネルギー

(2)　(1)の①～③のようなエネルギーの変換《へんかん》をする発電方式を，原子力・火力・水力からそれぞれ書け。　①（　　　　）②（　　　　）③（　　　　）

(3)　次の文は，②の発電方式の問題点を述べたものである。文中のⓐ～ⓓにあてはまるものを下の**ア～キ**から選び，それぞれ記号で答えよ。

②の発電では，ⓐ（　　）燃料の燃焼によって多量のエネルギーを得ているが，燃焼には多量のⓑ（　　）の発生をともなうため，地球規模のⓒ（　　）の上昇《じょうしょう》を招《まね》くと考えられている。そのため，地球のⓓ（　　）の原因の1つになっているといわれている。

ア　温暖化　　**イ**　寒冷化　　**ウ**　化石　　**エ**　化学
オ　気温　　**カ**　酸素　　**キ**　二酸化炭素

2 右のA～Dの発電方法の説明として正しいものを，次のア～エから選び，記号で答えなさい。（10点×4）

A　風力発電
B　バイオマス発電
C　地熱発電
D　燃料電池《ねんりょうでんち》

ア　地下のマグマの熱エネルギーを利用し，高温・高圧の水蒸気をつくって発電している。
イ　水素と酸素が結びついて水ができる反応を利用して，化学エネルギーを，直接，電気エネルギーに変換している。
ウ　植物体や畜産廃棄物《ちくさんはいきぶつ》から発生させたメタンを燃焼させて，発電している。
エ　直径約50ｍもある翼《つばさ》をもつ風車を，風の力で回して発電している。

A（　　　）B（　　　）C（　　　）D（　　　）

得点UP

1　②の発電は，石油や石炭，天然ガスなどを燃焼させて，水蒸気をつくり，タービンを回して発電する。
2　バイオマスとは，エネルギーとして利用できる生物体（まきや動物のふんなど）のこと。

科学技術と人間

点
合格点：80点／100点

1 放射線について，次の問いに答えなさい。　(8点×5)

(1)　放射線《ほうしゃせん》に共通の性質を，次の**ア**～**エ**からすべて選び，記号で答えよ。

ア　目に見えない。　**イ**　物質を通りぬける（透過《とうか》性）。　（　　　）

ウ　磁界中で曲げられる。　**エ**　原子《げんし》をイオンにする（電離《でんり》作用）。

(2)　次の①～③の特徴《とくちょう》にあてはまる放射線の種類を答えよ。

①　ヘリウムの原子核《げんしかく》（　　　）　②　原子核から出た電磁波《でんじは》（　　　）

③　原子核から飛び出した電子（　　　）

(3)　放射線が人体に与《あた》える影響《えいきょう》を表す単位 Sv は何と読むか。　（　　　）

2 次の問いに答えなさい。　(12点×5)

(1)　次の①～③の文は，現在，地球上で問題となっている物質などについて述べたものである。①～③にあてはまるものを，下の**ア**～**カ**から選べ。

①　たいへん長期間にわたって人体などに有害な放射線を放出するうえに，安全な保管がむずかしい。　（　　　）

②　「軽くて，じょうぶで，成形しやすい」など，非常に便利であるが，自然に分解されない。　（　　　）

③　上空のオゾン層を破壊《はかい》するため，地上に降り注ぐ紫外線《しがいせん》がふえることによる皮膚《ひふ》がんの増加などが懸念《けねん》されている。　（　　　）

ア　二酸化炭素　**イ**　フロン類　**ウ**　使用ずみ核燃料

エ　ダイオキシン　**オ**　窒素《ちっそ》酸化物　**カ**　プラスチック

(2)　原油の成分やアクリル繊維《せんい》を高温で処理してつくられる，鉄よりも軽く10倍も強い素材を何というか。　（　　　）

(3)　右のマークは，アルミニウムかんに示してあり，空きかんを分別して回収するためのものである。回収した製品を再資源化することを，何というか。　（　　　）

得点UP

1　(2)原子核の外から出た電磁波はX《エックス》線という。

2　(2)航空機の機体やつりざお，テニスのラケットなどに利用されている。

細胞分裂

点
合格点：82 点 ／ 100 点

1 ソラマメを発芽させ，右の図のように，根に等《とう》間《かん》隔《かく》の印をつけて，3日後に根のようすを観察した。次の問いに答えなさい。 (8点×5)

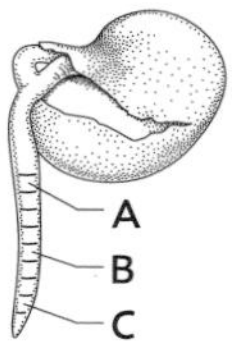

(1) 3日間で最もよくのびたのは，**A**～**C**のどの部分か。記号で答えよ。 (　　)

(2) 印をつけてから3日後の根のようすで，次の①，②にあてはまる部分を，**A**～**C**から選び，記号で答えよ。

① 小さな細胞《さいぼう》がたくさん見える部分。 (　　)

② 細胞の1つ1つが最も大きい部分。 (　　)

(3) 根が成長すると，①細胞の数，②細胞の大きさはどうなるか。それぞれ書け。

①(　　　　) ②(　　　　)

2 右の図は，タマネギの根の細胞が分裂するようすを模式的に示したものである。次の問いに答えなさい。 ((4)は8点×3，他は9点×4)

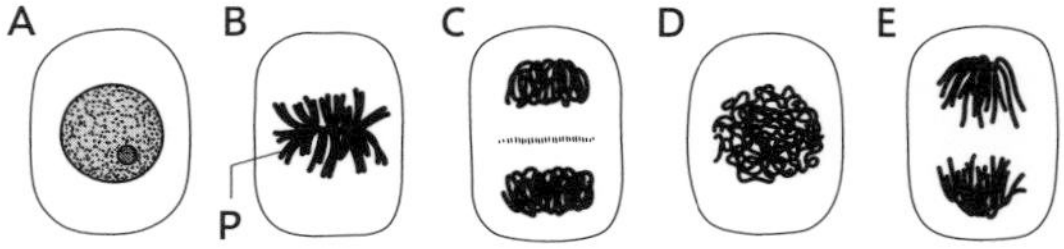

(1) 根を切りとった部分でプレパラートをつくるとき，①1つ1つの細胞を離《はな》れやすくするために用いるもの，②染色して観察しやすくするために用いるものを，次の**ア**～**エ**からそれぞれ選び，記号で答えよ。 ①(　　) ②(　　)

ア ヨウ素液　**イ** 酢酸《さくさん》カーミン液　**ウ** エタノール　**エ** うすい塩酸

(2) 図中の**P**で示したひものようなものの名称《めいしょう》を書け。 (　　)

(3) **A**～**E**の細胞を，**A**を1番目として分裂の順に並べたとき，4番目になるのはどのスケッチか。記号で答えよ。 (　　)

(4) 次の文の①には数字を，②，③には語を書け。

細胞が分裂する前に，**P**は複製されて数が①(　　)倍になる。分裂後の細胞の**P**の数は，もとの細胞と②(　　)数になる。このような細胞分裂《さいぼうぶんれつ》を③(　　　)という。

得点UP

1 (2)根が成長するときには，根元に近い細胞は，先端《せんたん》付近の細胞よりも大きくなっている。

2 (2)細胞分裂のときに核《かく》の中に見えるようになる。

生物のふえ方

点

合格点：78 点／100 点

1 右の図は，ある被子植物《ひししょくぶつ》の受精《じゅせい》のようすを模式的に示したものである。次の問いに答えなさい。 (6点×6)

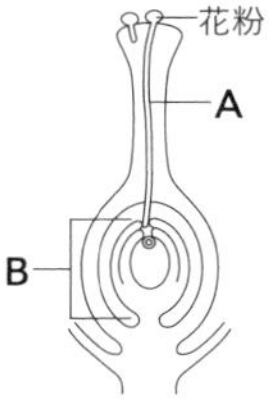

(1) 図の花粉からのびているAを何というか。（　　　　）

(2) 次の文は，植物のふえ方について述べたものである。①～⑤にあてはまる語を書け。

おしべの①（　　　）から出た花粉が，めしべの②（　　　）につくと，花粉からAがのび，Aの中の精細胞《せいさいぼう》とBの中の③（　　　）のそれぞれの核《かく》が合体して受精する。受精によってできた受精卵《じゅせいらん》は，細胞分裂《さいぼうぶんれつ》をくり返し，葉・茎《くき》・根のもとになる④（　　）になり，B全体は発達して⑤（　　　）になる。

2 生物の生殖《せいしょく》について，次の問いに答えなさい。 (8点×4)

(1) 次の①，②の生殖の方法を何というか。それぞれ名称《めいしょう》を書け。

① 雌《めす》と雄《おす》のつくる生殖細胞《せいしょくさいぼう》が受精して子孫《しそん》を残す生殖。（　　　　）

② からだの一部が分かれたり分裂したりして子孫を残す生殖。（　　　　）

(2) 胃の中でからだの一部が分かれて新しい個体ができるウメボシイソギンチャクは，(1)の①，②のどちらのふえ方をするか。（　　）

(3) ミカヅキモは，ふつうどのようにしてふえるか。（　　　　）

3 右の図は，カエルの受精卵Aが細胞分裂をくり返していくようすを模式的に示したものである。次の問いに答えなさい。 (8点×4)

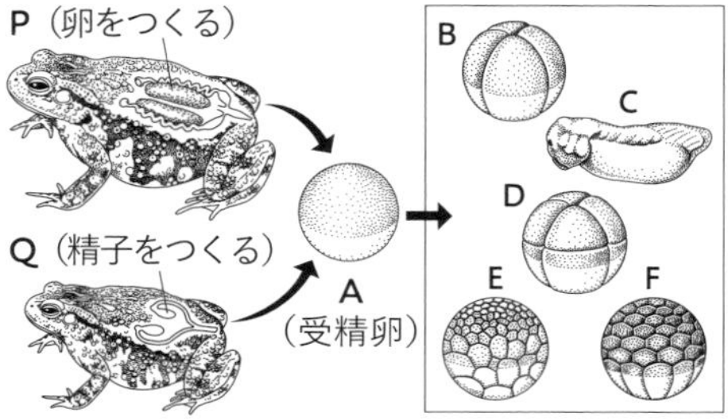

(1) P，Qの名称をそれぞれ書け。

P（　　　　）　Q（　　　　）

(2) 受精卵Aが変化していく順にB～Fの記号を並べよ。（A→　　→　　→　　→　　→　　）

(3) 受精卵が胚《はい》となり，からだが完成していく過程を何というか。（　　　　）

得点UP

1 (2)Bは子房《しぼう》の中にある胚珠《はいしゅ》である。

3 (3)細胞分裂が始まって細胞の数がふえ，からだの形ができて，おたまじゃくしになる過程。

遺伝の規則性

点

合格点：79点／100点

1 次の文の①～⑥にあてはまる語を書きなさい。 (7点×6)

生物の形や性質などのいろいろな特徴《とくちょう》を①(　　　)という。(①)を決めるもとになるものは，核《かく》の中の染色体《せんしょくたい》にある②(　　　)によって子に伝えられる。親の(①)が(②)によって子に伝えられることを③(　　　)といい，(②)の本体は④(　　　)である。⑤(　　　)生殖《せいしょく》では，子は両方の親の(②)を半分ずつ受けつぐが，⑥(　　　)生殖では，子は親と同じ(②)をすべて受けつぐ。

2 右のA，Bの図は，生物の生殖のしかたを模式的に示したものである。 (10点×4)

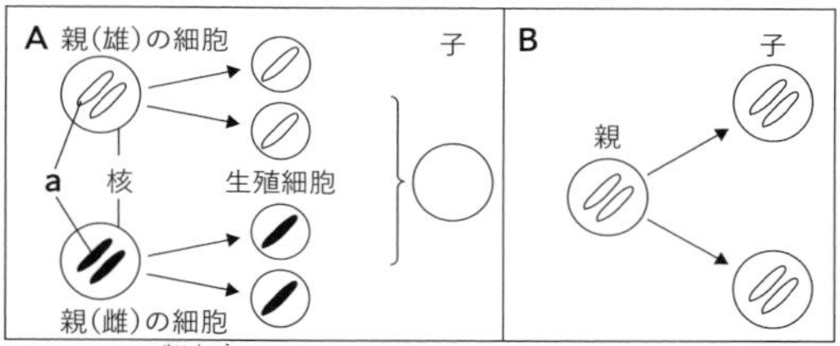

(1) 無性生殖《むせいせいしょく》を示しているのは，A，Bのどちらか。(　　　)

(2) 細胞《さいぼう》の核の中にあるaを何というか。名称《めいしょう》を書け。(　　　)

(3) Aの図で，生殖細胞《せいしょくさいぼう》をつくるときに行われる，特別な細胞分裂《さいぼうぶんれつ》を何というか。名称を書け。(　　　)

(4) Aの図で，この生物の雄《おす》と雌《めす》の生殖細胞が受精《じゅせい》してできた子のからだの細胞の核にふくまれるaを，図中の○の中にかけ。

3 エンドウを使って，丸い種子をつけるものと，しわのある種子をつけるものを親として，子と孫をつくったところ，右の図の結果になった。なお，A，aは遺伝子《いでんし》を表し，丸い種子をつける方が顕性形質《けんせいけいしつ》とする。 (6点×3)

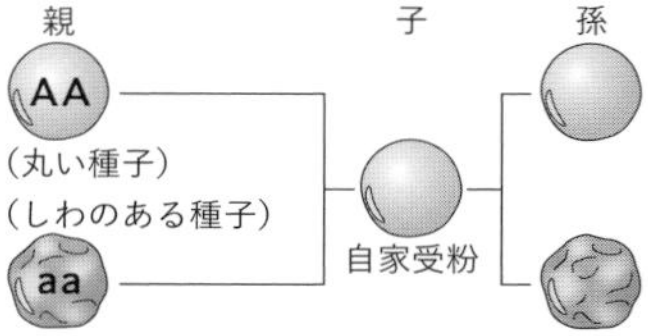

(1) 子の遺伝子はどのように表されるか。(　　　)

(2) 孫のうち，丸い種子をつける個体の遺伝子はどのように表されるか。2通り書け。(　　　)

(3) (1)，(2)のようになるのは，遺伝《いでん》の何という法則によるか。(　　　)

得点UP

2 (3)生殖細胞をつくるとき，染色体の数がもとの細胞の半分になるような特別な細胞分裂。

3 (1)遺伝子は，両方の親から半分ずつ伝わる。

天体の動きと地球の自転

点
合格点：80点／100点

1　次の問いに答えなさい。　(8点×3)

(1)　次の文中の①，②にあてはまる語を書け。

太陽が天球上を1日に規則正しく動いて見える動きは地球の①（　　　　）によるもので，この太陽の1日の動きを太陽の②（　　　　）という。

(2)　太陽が出ているとき，地面に垂直に棒を立てて，その影《かげ》を見ていると，影は東から西，西から東のどちらに動いて見えるか。（　　　　）

2　右の図は，星Pと3時間ごとにカシオペヤ座の位置を観察し，スケッチしたものである。次の問いに答えなさい。　(9点×4)

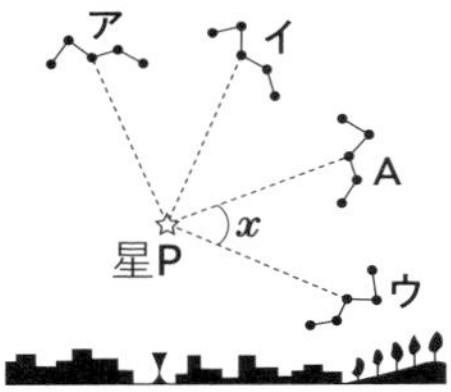

(1)　星Pは何という星か。名称《めいしょう》を書け。（　　　　）

(2)　午後11時のカシオペヤ座は，Aの位置にあった。
この日の午後8時にカシオペヤ座はどの位置にあったか。
図の**ア**～**ウ**から選び，記号で答えよ。（　　　）

(3)　図のxの角度は，約何度か。（　　　）

(4)　時刻によって星座の位置が変わるのは，地球の何という運動が原因か。
（　　　）

3　右の図は，日本のある地点で太陽の動きを透明《とうめい》半球上に記録したもので，Fは太陽の高度が最も高くなった点である。次の問いに答えなさい。　(10点×4)

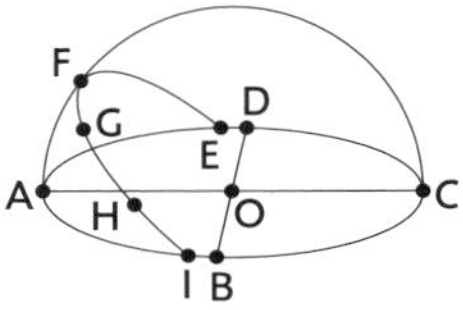

(1)　Oから見て，西の方位はA～Dのどの点か。（　　　）

(2)　この日の日の出の位置はどこか。図中の記号で答えよ。（　　　）

(3)　この日の太陽の南中《なんちゅう》高度を，図中の記号を用いて表せ。（　　　）

(4)　図中のGは午前10時，Hは午前8時の太陽の位置を記録したもので，GHの長さは2.8 cm，HIの長さは2.1 cmであった。このことから，この日のこの地点における日の出の時刻を求めよ。（　　　　）

得点UP

1　(2)太陽は東から西へ向かって動いている。

3　(4)太陽は透明半球上を2時間で2.8 cm移動している。

天体の動きと地球の公転①

点
合格点：80点／100点

1　右の図は，午後8時に日本のある場所でさそり座を観察し，1か月ごとの位置を示したものである。次の問いに答えなさい。（10点×2）

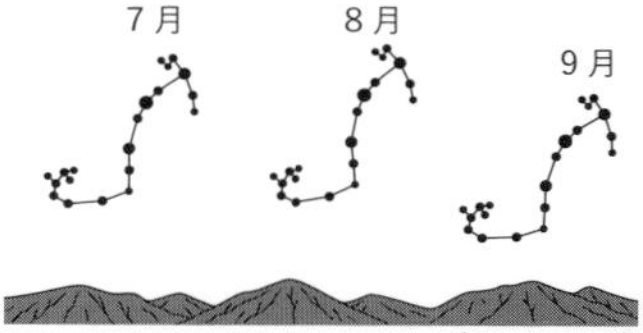

(1)　観察記録を比較《ひかく》したとき，位置（方位）以外に前月と変わるものを，次の**ア**～**エ**から1つ選び，記号で答えよ。（　　）

ア　形　　**イ**　傾《かたむ》き　　**ウ**　明るさ　　**エ**　大きさ

(2)　午後8時に見えるさそり座の位置は，1か月に約何度ずつ変化するか。次の**ア**～**エ**から選び，記号で答えよ。（　　）

ア　10度　　**イ**　15度　　**ウ**　30度　　**エ**　45度

2　右の図は，北緯《ほくい》35度のある地点での天球を表したもので，図中のP点は天球上の北極星の位置を示したものである。次の問いに答えなさい。（8点×5）

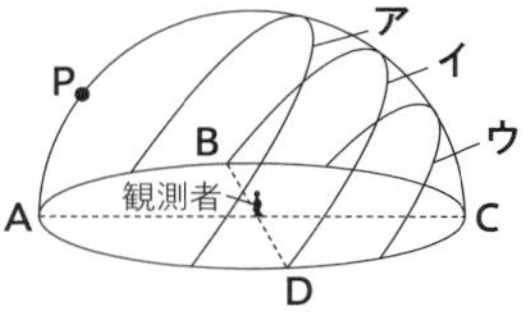

(1)　この地点での春分・秋分の日の太陽の通る道すじを，図の**ア**～**ウ**から選び，記号で答えよ。（　　）

(2)　春分・秋分の日にこの地点で太陽が南中したときの高度を求めよ。（　　）

(3)　季節が生じる理由を表した次の文の，①～③にあてはまる語を書け。

地球が①（　　　）を傾けたまま太陽のまわりを②（　　　）しているため，太陽の③（　　　）などが変化し，気温が変化するので季節が生じる。

3　右の図は，太陽のまわりを回る地球の模式図である。次の問いに答えなさい。（10点×4）

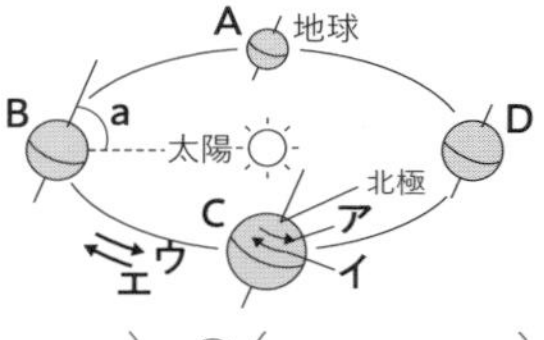

(1)　図のaの角度は何度か。（　　）

(2)　地球の①自転《じてん》，②公転《こうてん》の向きを，**ア**～**エ**から選び，それぞれ記号で答えよ。①（　　）②（　　）

(3)　図のA～Dで，日本での太陽の南中《なんちゅう》高度が最も低いのはどれか。（　　）

得点UP

2　(2)春分・秋分の日の太陽の南中高度は，（90° － その地点の緯度）で求める。

3　(3)Aは春分，Bは夏至《げし》，Cは秋分，Dは冬至《とうじ》の日の地球の位置を示している。

天体の動きと地球の公転②

点
合格点：76 点 ／ 100 点

1　右の図1は，日本のある場所で，1月10日の午後10時に見える星座をスケッチしたもので，恒星《こうせい》Rはほぼ真南に見えた。次の問いに答えなさい。（8点×4）

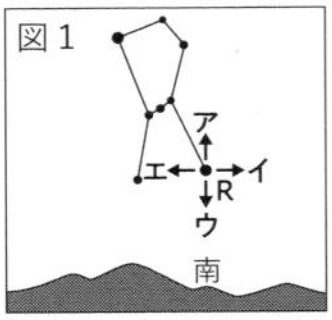

（1月10日　午後10時）

図2
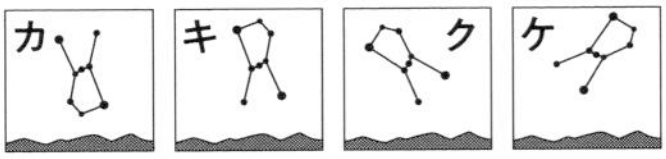

(1)　図1の星座を何というか。名称《めいしょう》を書け。（　　　）

(2)　午後11時には，恒星Rはどの方向に移動しているか。**ア～エ**から選べ。（　　）

(3)　1月10日の午後7時に観測したときの星座を，図2の**カ～ケ**から選べ。（　　）

(4)　2月10日に同じ場所で観測したとき，星座の恒星Rが図1と同じ位置に見えるのは，午後何時ごろか。（　　　）

2　右の図は，地球の運動と星座の移り変わりのようすを模式的に示したものである。次の問いに答えなさい。（8点×4）

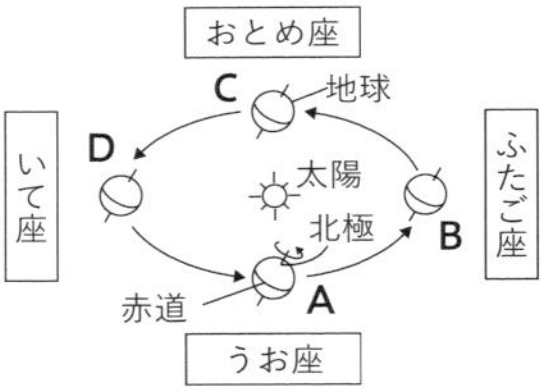

(1)　冬至《とうじ》の日の地球の位置をA～Dから選べ。（　　）

(2)　いて座が一晩中見える地球の位置を，A～Dから選べ。（　　）

(3)　地球がAの位置のとき，日の入りごろ南中《なんちゅう》する星座はどれか。（　　　）

(4)　季節によって星座が移り変わるのは，地球の何という運動が原因か。（　　　）

3　右の図は，日の出・日の入りの時刻，南中高度を1年間観測した結果をグラフに表したものである。次の問いに答えなさい。（(1)は6点×3，他は9点×2）

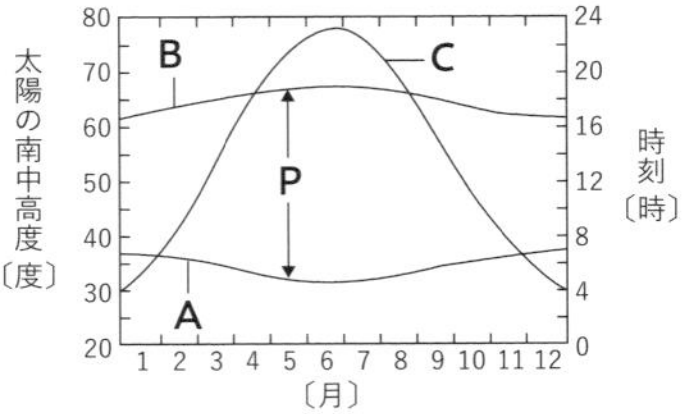

(1)　曲線A～Cはそれぞれ何の観測結果を表しているか。

A（　　　）　B（　　　）　C（　　　）

(2)　グラフ上のPの長さは何を表しているか。（　　　）

(3)　南中高度が高くなるほど，Pの長さはどうなっているか。（　　　）

得点UP

1　(4)ある星座が南中する時刻は，1か月で約2時間ずつはやくなる。

2　(3)Aの日の入りのときは，うお座が東からのぼり，おとめ座が西の空に沈《しず》む。

太陽と惑星／月の見え方

点
合格点：80点／100点

1

右の図1は，太陽，地球，金星の位置関係を模式的に示したものである。次の問いに答えなさい。　(10点×4)

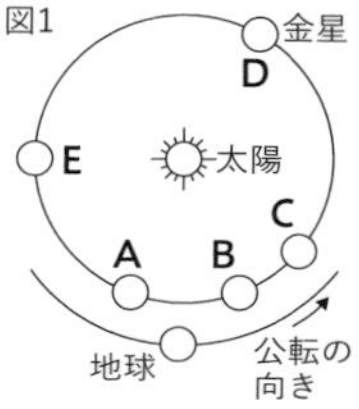

(1)　地球から金星を見たとき，金星が図2の①，②の形に見える位置は図1のどれか。A～Eから選び，それぞれ記号で答えよ。①(　　)　②(　　)

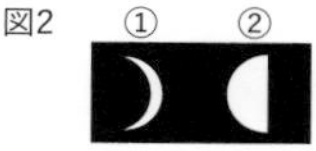

(2)　図1で，Bの位置にある金星が地球から見えるのは，①いつごろ，②どの方位の空か。それぞれ答えよ。　①(　　　　)　②(　　　　)

2

日本のある地点で，太陽の表面の黒点《こくてん》のようすを観察し，右の図のような結果を得た。次の問いに答えなさい。　(9点×5)

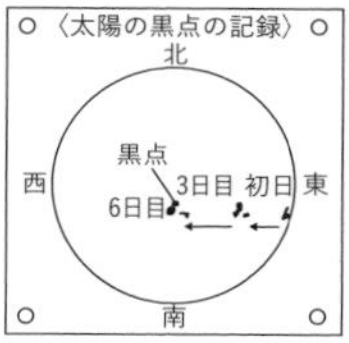

(1)　図の観察スケッチから，①黒点の位置が変化する理由，②同じ黒点が太陽の像の端《はし》の方では形がちがって見える理由を，それぞれ答えよ。　①(　　　　　　　　　　)　②(　　　　　　　　)

(2)　次の文の①，③には語を，②には数字をそれぞれ書け。

太陽は非常に高温であるため，あらゆる物質が①(　　　　)となっている。また，太陽の表面の温度は約②(　　　　)℃であるが，黒点はまわりよりも温度が③(　　　　)ため，黒く見える。

3

次の問いに答えなさい。　(5点×3)

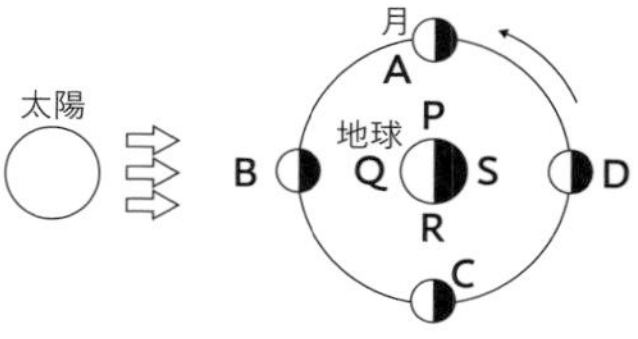

(1)　右の図のA～Dは月の位置を，P～Sは地球上の観測地点を示している。ある日の日没《にちぼつ》時，東の空には満月が観測された。このときの，①月の位置，②地球上の観測地点を，それぞれ記号で答えよ。

①(　　　　)　②(　　　　)

(2)　右の図で，新月とは月がどの位置にきたときか。A～Dから選び，記号で答えよ。　(　　　　)

得点UP

1　(1)金星は，地球に近づくほど，大きく欠けて見える。

2　(1)②回転する球面上の円は，周辺部にいくにしたがってだ円形に見える。

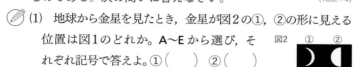

自然界のつり合い／自然と人間

点

合格点：84 点／100 点

1　右の図は，ある地域における生物の数量関係を示したものである。次の問いに答えなさい。ただし，D は植物とする。（9点×4）

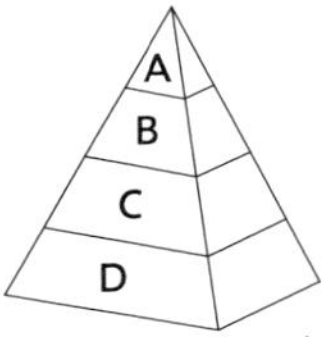

(1)　生物どうしの食べたり食べられたりするつながりを何というか。名称《めいしょう》を書け。（　　　　）

(2)　自然界での消費者《しょうひしゃ》を A〜D からすべて選べ。（　　　　）

(3)　C の生物が一時的に増加すると，B と D の数はそれぞれどうなるか。

B（　　　　）　D（　　　　）

2　右の図は，自然界における物質の循《じゅん》環《かん》を示したものである。（9点×4）

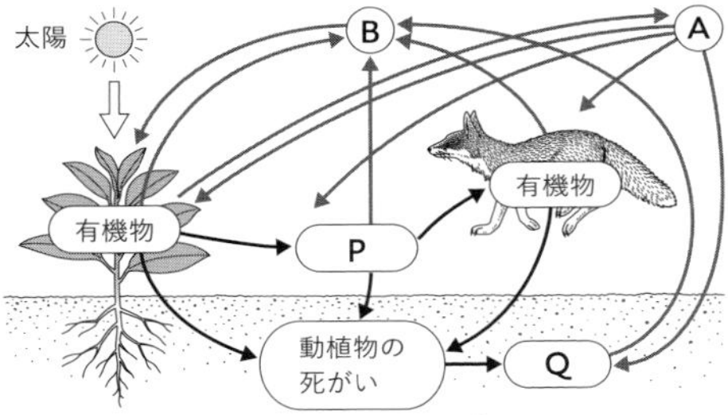

(1)　A，B が表す気体名を書け。

A（　　　　）　B（　　　　）

(2)　図の P にあてはまる生物を，次のア〜ウから選べ。（　　）

ア　菌類《きんるい》・細菌類《さいきんるい》　　イ　タカ・ライオン　　ウ　ウサギ・ネズミ

(3)　図の Q に入る生物は，自然界では何とよばれているか。（　　　　）

3　次の文の①〜④にあてはまる語を，下のア〜エから選びなさい。（7点×4）

地球上に生きるすべての生物は，たがいに密接にかかわり合いながら生活している。しかし，わたしたち人間は，より快適な生活を求めて，①（　　）や水などをよごし，自然環境《かんきょう》に大きな影響《えいきょう》を与《あた》えてきた。

自然環境が急激に変化すると，生物は変化に対応できず②（　　）していく可能性がある。わたしたち人間も，ほかの生物と同じように自然界の中で生活しながら，その③（　　）を保ち続けるためには，自ら進んで④（　　）を守る努力をしていくことが大切である。

ア　自然環境　　イ　大気《たいき》　　ウ　つり合い　　エ　絶滅

得点UP

1　(2)消費者とは，他の生物を食べることによって有機物《ゆうきぶつ》をとり入れる生物。

2　(1)すべての生物は，呼吸によって酸素をとり入れ，二酸化炭素を放出している。

総復習テスト （理科）

点

目標時間：20分　合格点：80点／100点

1 右の図1のように，$\frac{1}{60}$秒ごとに打点する記録タイマーで台車の運動を記録した。図2は，このときの記録テープである。 (4点×7)

図1
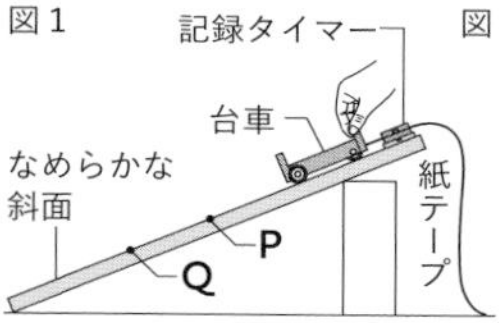

図2
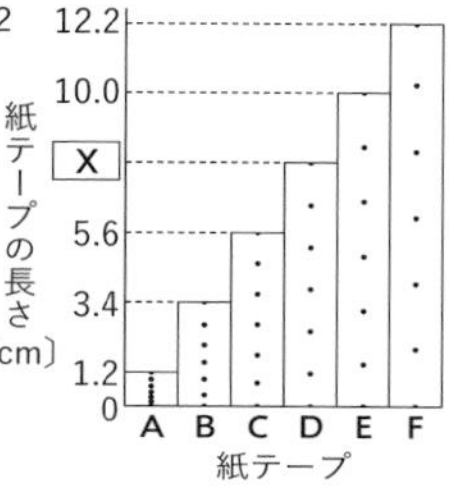

(1)　記録タイマーが6打点打つ時間は何秒か。（　　　）

(2)　図2のXにあてはまる数値を書け。（　　　）

(3)　Eの紙テープを記録したときの，台車の平均《へいきん》の速《はや》さは何m/sか。（　　　）

(4)　斜面の傾《かたむ》きを図1より大きくした場合，台車にはたらく①斜面に沿った下向きの力の大きさ，②台車の速さの変化のようすはどうなるか。それぞれ書け。

①（　　　　　）②（　　　　　）

(5)　図1の点Pの位置に台車の先端《せんたん》が達したときと比べて，点Qの位置に台車の先端が達したときに，①小さくなっているもの，②大きくなっているものはどれか。次の**ア**～**エ**から選び，それぞれ記号で答えよ。　①（　　）②（　　）

ア　台車のもつ位置《いち》エネルギー　　**イ**　台車のもつ力学的《りきがくてき》エネルギー

ウ　台車のもつ運動《うんどう》エネルギー　　**エ**　台車にはたらく力

2 右の図のような装置で，塩化銅水溶液《すいようえき》に電流を流した。次の問いに答えなさい。 ((4)は4点，他は3点×4)

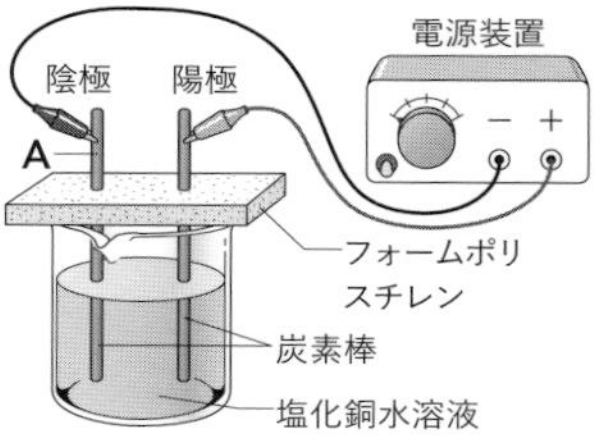

(1)　陽極《ようきょく》から発生した気体を化学式で書け。（　　　）

(2)　陰極《いんきょく》には赤い物質が付着していた。この物質名を書け。（　　　）

(3)　陰極へ引かれた1個のイオンは，①電極へ電子《でんし》をわたす，電極から電子を受けとるのどちらか。また，②その電子の数は何個か。

①（　　　　　）②（　　　）

(4)　電源装置の＋《プラス》極と－《マイナス》極を逆につなぎかえると，Aの電極にはどのような変化が現れるか。次の**ア**～**ウ**から選び，記号で答えよ。（　　　）

ア　気体が発生する。　**イ**　赤い物質が付着する。　**ウ**　変化が起きない。

裏面へ

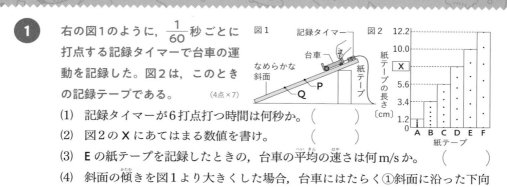

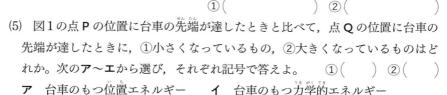

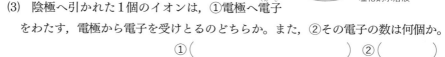

3 右の図は，カエルの受精卵《じゅせいらん》が分裂《ぶんれつ》し，発生《はっせい》が進むようすを観察し，スケッチしたものである。次の問いに答えなさい。 (4点×6)

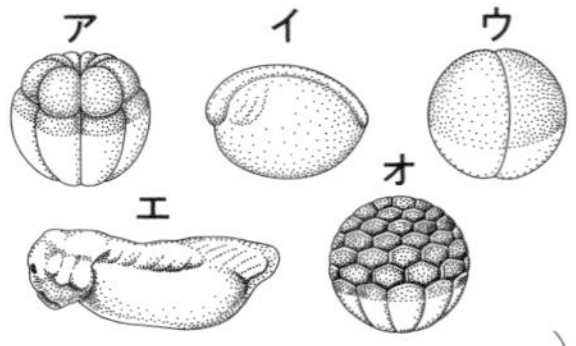

(1) 図の**ア**～**オ**を発生の進む順に記号を書け。

（　→　→　→　→　）

(2) 受精卵《じゅせいらん》のときに比べると，図の**イ**のときの①細胞《さいぼう》の数，②細胞の大きさはどのようになるか。それぞれ書け。 ①（　　） ②（　　）

(3) 雌《めす》の卵《らん》や雄《おす》の精子《せいし》（生殖細胞《せいしょくさいぼう》）の中にある染色体《せんしょくたい》の数は，親の体細胞の染色体の数と比べるとどうなっているか。 （　　）

(4) カエルとは異なり，雌雄《しゆう》にもとづかないふえ方を何というか。（　　）

(5) (4)のふえ方をするものを，次の**ア**～**エ**から選び，記号で答えよ。 （　　）

ア 親ネコから子ネコが生まれる。 **イ** 卵からヒヨコが生まれる。

ウ チューリップの球根から芽が出る。 **エ** アブラナの種子から芽が出る。

4 右の図1は，春分，夏至《げし》，秋分，冬至《とうじ》における太陽の日周運動《にっしゅううんどう》の経路を，図2は四季の星座の移り変わりと地球の公転《こうてん》の関係を示したものである。次の問いに答えなさい。 (4点×8)

図1

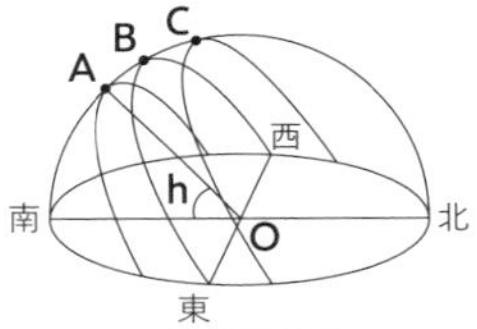

図2

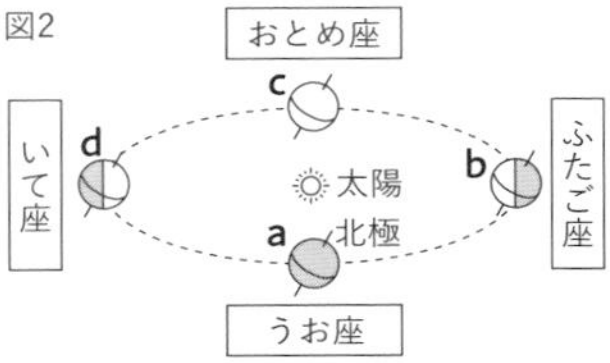

(1) 太陽が図1の天球上のA点にあるとき，水平面から太陽を見上げた角度（h）を何というか。

（　　）

(2) 太陽の動く道すじが図1のA，Cのとき，地球は図2のa～dのどの位置にあるか。それぞれ記号で答えよ。 A（　　） C（　　）

(3) 昼の長さが①最も長い，②最も短いのは，太陽の動く道すじが，図1のA～Cのどのときか。それぞれ記号で答えよ。 ①（　　） ②（　　）

(4) 次の文の①，②にあてはまる語を書け。

図2で，地球がaからbまで動く間に，日本では日の出の位置はしだいに①（　　）の方角へ移動し，日の出の時刻はしだいに②（　　）なる。

(5) 図2で日本が夏至のときに太陽の方向にある星座名を書け。（　　）

二度の世界大戦と日本①

点

合格点：73点／100点

1　次のA・Bの文を読んで，あとの各問いに答えなさい。　((6)10点，他は9点×10)

A　ヨーロッパで$_a$第一次世界大戦が起こると，日本は（　①　）を理由に参戦し，$_b$中国に（　②　）をつきつけた。また，大戦中に起こったロシア革命《かくめい》の影響《えいきょう》を恐《おそ》れた日本やアメリカなどは$_c$シベリア出兵を行った。

B　$_d$大正《たいしょう》時代には，民主主義を求める風潮が高まり，1925年，$_e$普通《ふつう》選挙法が成立した。社会運動も活発になり，被《ひ》差別部落の人々が（　③　）を結成したり，（　④　）が市川房枝《いちかわふさえ》らとともに新婦人協会を設立したりした。

(1)　①～④に当てはまる語句をそれぞれ答えなさい。　①（　　　　）
②（　　　　）　③（　　　　）　④（　　　　）

(2)　下線部aについて，連合国とドイツとの間で結ばれたこの戦争の講和条約を何といいますか。（　　　　）

(3)　下線部bやその後のアジアの動きについて正しく説明した文を，次の**ア**～**ウ**から1つ選び，記号で答えなさい。（　　　　）

ア　日本は，山東《さんとう》《シャントン》省におけるロシア権益の継承《けいしょう》などを中国に求めた。

イ　中国で反日運動が起こり，反帝国《ていこく》主義運動へと発展した。

ウ　朝鮮《ちょうせん》で日本からの独立を目指す五《ご》・四《し》運動が広がった。

(4)　下線部cについて，次の文のX・Yに当てはまる語句をそれぞれ答えなさい。

シベリア出兵を見こした商人が米を買い占《し》めて米価がはね上がると，1918年に米の安売りを求める（　X　）が起こった。（　X　）の責任をとって寺内《てらうち》首相が辞職すると，立憲政友会の（　Y　）が本格的な政党内閣を組織した。

X（　　　　）　Y（　　　　）

(5)　下線部dについて，この風潮を何といいますか。（　　　　）

(6)　下線部eによって選挙権を与《あた》えられたのはどのような人々ですか。年齢《ねんれい》と性別を明らかにして答えなさい。（　　　　）

(7)　下線部eについて，この法律と同じ年に制定された，社会主義や共産主義の動きを取り締《し》まるための法律を何といいますか。（　　　　）

memo

1　(1)④の人物は，「元始，女性は実に太陽であった。……」で始まる宣言を書いた。

二度の世界大戦と日本②

点

合格点：73 点 ／ 100 点

1 次のＡ～Ｃの文を読んで，あとの各問いに答えなさい。 （(5)10点，他は9点×10）

A 1929年，アメリカで株価が大暴落し，a世界経済が大混乱した。その対策として，イギリスやフランスは（ ① ），アメリカは（ ② ）という政策をとった。植民地や資源をもたないイタリア・ドイツでは，経済が行きづまると，反民主主義・反自由主義をかかげて独裁政治を行う（ ③ ）が台頭した。

B 1932年，日本軍は（ ④ ）の建国を宣言した。また，b五・一五事件，陸軍の青年将校らが東京中心部を占拠《せんきょ》した（ ⑤ ）事件と続く中で軍国主義が強まり，1937年には盧溝橋《ろこうきょう》《ルーコウチアオ》事件をきっかけに（ ⑥ ）が始まった。

C 1939年，第二次世界大戦が始まると，翌年日本はドイツ・イタリアと（ ⑦ ）を結び，東南アジアに進出した。これによって，日本の侵略《しんりゃく》的行動を警戒《けいかい》していたアメリカとの対立を深め，1941年にc太平洋戦争が始まった。

(1) ①～⑦に当てはまる語句をそれぞれ答えなさい。

①（　　） ②（　　） ③（　　） ④（　　）

⑤（　　） ⑥（　　） ⑦（　　）

(2) 下線部aについて，このことを何といいますか。 （　　）

(3) 下線部bについて，このとき殺害された首相を，次の**ア**～**エ**から1つ選び，記号で答えなさい。

ア 新渡戸稲造《にとべいなぞう》 **イ** 浜口雄幸《はまぐちおさち》 **ウ** 犬養毅《いぬかいつよし》 **エ** 東条英機《とうじょうひでき》 （　　）

(4) （ ⑥ ）が長期化する中，1938年に制定された，議会の承認がなくても政府が国民や物資を戦争に動員できることを認めた法律を何といいますか。

（　　）

(5) 下線部c後に起こった次の**ア**～**エ**を年代の古い順に並べかえなさい。

ア アメリカ軍が沖縄《おきなわ》に上陸し，地上戦が行われた。

イ 日本がポツダム宣言を受諾《じゅだく》した。

ウ 広島と長崎に原子爆弾《ばくだん》が投下された。

エ ミッドウェー海戦で日本軍が敗北した。 （　→　→　→　）

得点UP

1 (1)③イタリアではファシスト党のムッソリーニが，ドイツではナチス（ナチ党）のヒトラーが独裁政治を行った。

現代の日本と世界①

点

合格点：79 点 ／ 100 点

1 次の資料を見て，あとの各問いに答えなさい。

（(4)8点×3，他は7点×4）

GHQ《ジーエイチキュー》による日本の戦後改革

- 経済…戦前の体制を経済的に支えていた［　①　］が解体される。
- 農村…［　②　］が行われる。
- 政治…a 日本国憲法が公布される。
- 教育…b 民主的な教育の基本を示した法律が制定される。

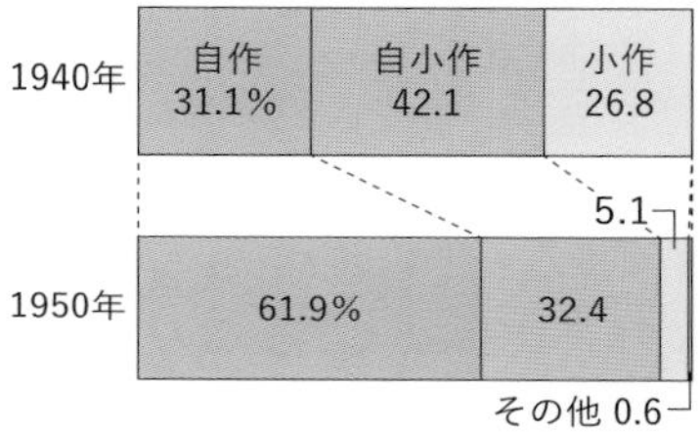

農家の割合の変化　（「完結昭和《しょうわ》国勢総覧」ほか）

(1)　GHQ の最高司令官は誰《だれ》ですか。（　　　　　）

(2)　資料の①に当てはまる語句を答えなさい。（　　　　　）

(3)　右上のグラフは，資料の②による農家の割合の変化を示しています。②に当てはまる政策を何といいますか。（　　　　　）

(4)　下線部 a について，この憲法の三つの基本原理を答えなさい。
（　　　　　）（　　　　　）（　　　　　）

(5)　下線部 b について，この法律を何といいますか。（　　　　　）

2 次の文の①～⑥に当てはまる語句をそれぞれ答えなさい。

（8点×6）

1945年，世界の平和と安全のために（　①　）が設立された。その後，資本主義国（西側陣《じん》営《えい》）と社会主義国（東側陣営）の対立が起こり，（　②　）と呼ばれた。その影《えい》響《きょう》で，1950年に（　③　）が起こった。日本は，1951年に（　④　）に調印し，翌年独立を回復した。④の調印と同日，アメリカとの間で（　⑤　）が結ばれた。国内では，自由民主党が，日本社会党と対立を続けながら，38年間にわたって政権を維持《いじ》した。この政治体制は，（　⑥　）と呼ばれている。

①（　　　　　）②（　　　　　）③（　　　　　）
④（　　　　　）⑤（　　　　　）⑥（　　　　　）

memo

2　②直接戦火を交えなかったことからこう呼ばれた。

現代の日本と世界②

点

合格点：80点／100点

1　次の各問いに答えなさい。　（(1)13点×2，(3)14点，他は10点×6）

(1)　右のグラフの**X・Y**に当てはまる語句を答え，**X・Y**について正しく説明した文を，次の**ア**～**ウ**から1つずつ選び，記号で答えなさい。

ア　国民総生産は増えたが，カラーテレビは普及《ふきゅう》に時間がかかった。

イ　企業《きぎょう》が株式や土地に投資したため，その価格が大幅《おおはば》に上昇《じょうしょう》した。

ウ　過密《かみつ》や過疎《かそ》などの新しい問題が生まれ，公害問題が深刻化した。

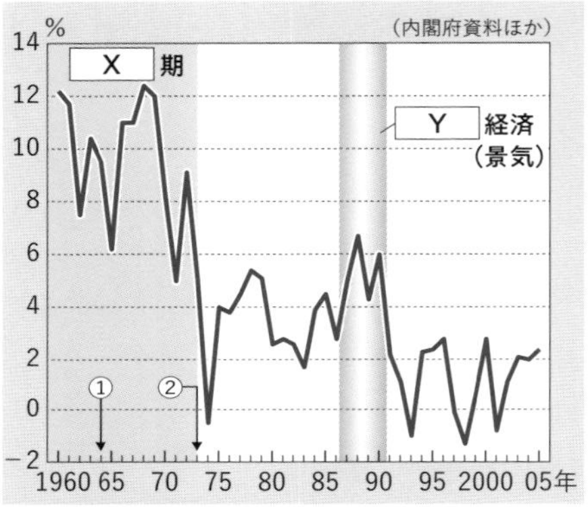

日本の経済成長率の推移

X（　　　・　　　）**Y**（　　　・　　　）

(2)　グラフの①・②の年に起こったできごとを，次の**ア**～**エ**から1つずつ選び，記号で答えなさい。

ア　ベルリンの壁崩壊《かべほうかい》　　**イ**　石油危機

ウ　東京オリンピック　　**エ**　湾岸《わんがん》戦争　　①（　　　）②（　　　）

(3)　次の**ア**～**オ**のできごとを年代の古い順に並べかえなさい。

ア　日韓《にっかん》基本条約の締結《ていけつ》　**イ**　日ソ共同宣言の調印　**ウ**　沖縄《おきなわ》の日本復帰

エ　東西ドイツ統一　**オ**　日中平和友好条約の締結

（　　→　　→　　→　　→　　）

(4)　次の**A**～**D**の文が正しければ○を，まちがっていれば×を答えなさい。

A　2001年にアメリカで同時多発テロが起こり，犯人をかくまっているとして，アメリカがイランを攻撃《こうげき》した。（　　　）

B　マルタ会談で冷たい戦争（冷戦）の終結が宣言された。（　　　）

C　佐藤栄作《さとうえいさく》内閣のときに日中共同声明が調印された。（　　　）

D　1949年に川端康成《かわばたやすなり》が日本人で初めてノーベル賞を受賞した。（　　　）

memo

1　(3)**イ**の調印後，日本の**国際連合**加盟が実現した。

現代社会と私たち

点
合格点：80点／100点

1 次の文を読んで，あとの各問いに答えなさい。 (10点×5)

現代社会は，人やもの，a 情報などが容易に国境を越《こ》えて行き来する b 世界の一体化が進み，c 外国人労働者も増加している。また，日本は（　d　）化が進んだ（　d　）社会となっており，対策が急務となっている。

(1) 下線部 a について，次の各問いに答えなさい。

① 情報化が進み実現した，推論や判断，学習などの人間の知能をコンピュータにもたせたものを何といいますか。 (　　　　)

② 大量の情報の中から必要な情報を選択《せんたく》し，それを適切に活用する能力を何といいますか。 (　　　　)

(2) 下線部 b のような世界の一体化を何といいますか。 (　　　　)

(3) 下線部 c について，右のグラフから読み取れることについて述べた次の文の〔　〕に当てはまる語句を選びなさい。

日本で働く外国人労働者の国別割合

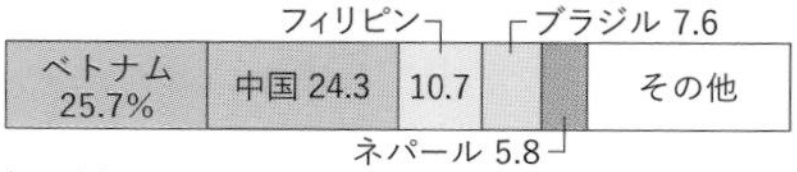

(2020年)　(2021/22年版「日本国勢図会」)

◇〔 アジア　アフリカ　北アメリカ　ヨーロッパ 〕や南アメリカからの外国人労働者が多く，多文化共生社会となっている。 (　　　　)

(4) 文中の（　d　）に共通して当てはまる語句を答えなさい。 (　　　　)

2 次の A～D の文の①～⑤に当てはまる語句をそれぞれ答えなさい。 (10点×5)

A 現代の家族の形態では，夫婦のみなどの（　①　）世帯の割合が最も高い。

B 文化は科学，宗教，音楽や絵画などの（　②　）の大きく3つの領域がある。

C 多様な社会集団の中で生活している人間は（　③　）と呼ばれ，その社会集団のきまり（ルール）の決め方には，全員一致《いっち》や（　④　）の方法がある。

D 全員が納得できる解決策かどうかを判断する観点には，（　⑤　）と公正がある。

①(　　　　) ②(　　　　) ③(　　　　)
④(　　　　) ⑤(　　　　)

memo

1 (4)子どもの数が減り，65歳《さい》以上の高齢者《こうれいしゃ》の割合が高い社会。

日本国憲法

点

合格点：80点／100点

1

次のA～Cの文の①～④に当てはまる語句をそれぞれ答えなさい。 (12点×4)

A　ルソーが唱えた思想は，フランス（　①　）に大きな影響《えいきょう》を与《あた》えた。

B　1889年に日本で発布された（　②　）では，主権は（　③　）にあり，人権は法律の範囲《はんい》内でのみ認められた。

C　法の支配に基《もと》づいて，憲法によって国家権力の濫用《らんよう》を防ぎ，国民の人権を保障しようとする考え方を（　④　）という。

①（　　　　　　）②（　　　　　　）

③（　　　　　　）④（　　　　　　）

2

右の図を見て，次の各問いに答えなさい。 ((5)4点×3，他は8点×5)

(1)　Aは，国の政治の決定権は国民にあるという原理です。これを何といいますか。（　　　　　　）

(2)　Aの原理のもとでの天皇の地位について述べた次の文の①・②に当てはまる語句を答えなさい。

◇　天皇は日本国や日本国民統合の（　①　）であり，内閣の助言と承認のもと，（　②　）という形式的・儀礼《ぎれい》的な行為《こうい》のみを行う。①（　　　　　　）②（　　　　　　）

(3)　Bは，侵《おか》すことのできない永久の権利を保障するという原則です。これを何といいますか。（　　　　　　）

(4)　Cは，第二次世界大戦の反省のもと，憲法前文や第9条にかかげられた原則です。これを何といいますか。（　　　　　　）

(5)　憲法改正について述べた次の文の①～③に当てはまる語句を選びなさい。

◇　各議院の①〔出席議員　総議員〕の②〔過半数　3分の2以上〕の賛成で国会が発議《はつぎ》し，国民投票で有効投票の③〔過半数　3分の2以上〕の賛成を得ると改正され，天皇が国民の名で公布する。

①（　　　　　　）②（　　　　　　）③（　　　　　　）

memo

❶　④いかなる政治も，憲法に基づいて行われなければならないという原則。

基本的人権の尊重

点

合格点：80 点 ／ 100 点

1 右の図を見て，次の各問いに答えなさい。　((1)・(2)8点×5，他は6点×10)

(1) Aについて，自由権を大きく3つに分けた場合，次の①～③は何の自由と呼ばれるものですか。

① 職業選択《せんたく》の自由，財産権の保障

② 思想・良心・学問・信教の自由

③ 奴隷《どれい》的拘束《こうそく》，苦役《くえき》からの自由

①（　　　　　の自由）

②（　　　　の自由）　③（　　　　の自由）

(2) Bについて，次の文の①・②に当てはまる語句をそれぞれ答えなさい。

◇ 「健康で（ ① ）な最低限度の生活を営《いとな》む権利」である（ ② ）が，社会権の基礎《きそ》となっている。　①（　　　　）　②（　　　　）

(3) Cについて，憲法は，「すべて国民は，（　　　　）の下《もと》に平等であって，人種，信条，性別，……において，差別されない」としている。（　　）に当てはまる語句を答えなさい。　（　　　　）

(4) Dについて，参政権に含《ふく》まれる権利を，次のア～エから2つ選び，記号で答えなさい。　（　　）（　　）

ア 請願《せいがん》権　**イ** 被《ひ》選挙権　**ウ** 裁判を受ける権利　**エ** 労働基本権

(5) 次の①～④の（　　）に当てはまる語句をそれぞれ答えなさい。

① 人権は，社会全体の利益である（　　　　）によって制限される。

② 憲法は，納税の義務，保護する子どもに普通（　　　　）を受けさせる義務，（　　　　）の義務の3つを国民の義務と定めている。

③ 社会の変化に伴《ともな》って主張されるようになった「新しい人権」のうち，国や地方公共団体に対して情報の公開を求める権利を（　　　　）といい，私生活をみだりに公開されない権利を（　　　　）という。

④ 国際連合は1948年に（　　　　）を採択《さいたく》して人権の国際的な模範《もはん》を示し，1966年には法的拘束《こうそく》力をもたせた（　　　　）を採択した。

memo

1 (1)自由権は，身体の自由，精神の自由，経済活動の自由の3つに大きく分けることができる。

選挙と政党

点

合格点：76 点／100 点

1　次の文を読んで，あとの各問いに答えなさい。

（(2)9点×4，他は8点×2）

今日，多くの国では，国民主権の考えのもとで（　　　）に基《もと》づく政治が行われている。すなわち，国民の代表者を a選挙で選び，その b代表者が議会で話し合って決めるというやり方が取り入れられている。

(1)　（　　）に当てはまる主義を何といいますか。　（　　　　）

(2)　下線部 a について，次の各問いに答えなさい。

①　次の A・B の選挙の原則を何といいますか。

A　一定の年齢《ねんれい》以上のすべての国民に選挙権がある。　（　　　　）

B　投票者の名前は書かずに投票する。　（　　　　）

②　右の図のような選挙制度を何といいますか。

（　　　　）

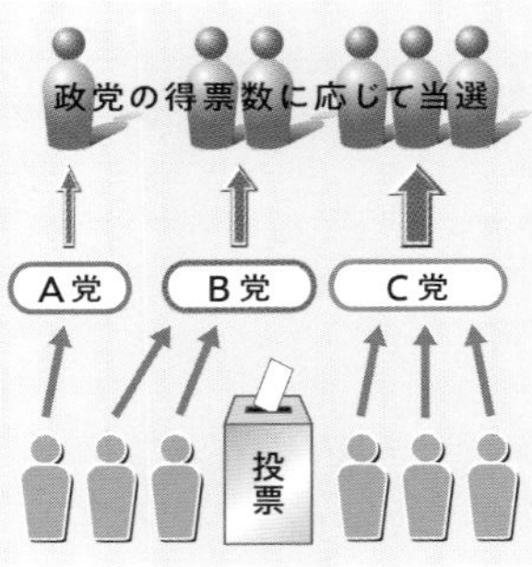

③　選挙権や被《ひ》選挙権の年齢，選挙の手続きなどを定めた法律を何といいますか。（　　　　）

(3)　下線部 b の政治形態を何といいますか。

（　　　　）

2　次の各問いに答えなさい。

（8点×6）

(1)　①政権を担当する政党と，②それ以外の政党を，それぞれ何といいますか。

①（　　　　）　②（　　　　）

(2)　複数の政党が協力して政権を担当する内閣《ないかく》を何といいますか。

（　　　　）

(3)　選挙の際に，各政党が政権を担当したときに実施《じっし》する政策について示したものを何といいますか。　（　　　　）

(4)　①政治や社会の問題についての，国民の多くの意見のまとまりを何といいますか。また，②①の形成に大きな影響《えいきょう》を与《あた》えるテレビや新聞などをまとめて何といいますか。　①（　　　　）　②（　　　　）

memo

1　(2)②衆議院議員の選挙は，小選挙区制と，図の制度を組み合わせて行われる。

国会

点

合格点：79 点／100 点

1 次の各問いに答えなさい。

(7点×9)

(1) 次の文の（　　）に当てはまる語句をそれぞれ答えなさい。

◇ 憲法は，国会について，「①（　　　　　　）の最高機関であって，国の唯一《ゆいいつ》の②（　　　　　　）機関である」と定めている。

(2) 右の表のⓐ～ⓓに当てはまる数字をそれぞれ答えなさい。

ⓐ（　　　　）ⓑ（　　　　）
ⓒ（　　　　）ⓓ（　　　　）

衆議院		参議院
465名	議員定数	※248名
（ ⓐ ）年，ただしXがある。	任期	（ ⓑ ）年（3年ごとに半数を改選）
満（ ⓒ ）歳以上	被《ひ》選挙権	満（ ⓓ ）歳以上

※2022年の参議院議員選挙より。

(3) ①右の表のXに当てはまる語句を答えなさい。また，②Xに伴《ともな》う総選挙後30日以内に召集《しょうしゅう》される国会を何といいますか。

①（　　　　　　）②（　　　　　　）

(4) 毎年1回，1月中に召集される国会を何といいますか。（　　　　　　）

2 次の各問いに答えなさい。

((3)9点，他は7点×4)

(1) 次の文の①・②に当てはまる語句を，あとのア～ウから1つずつ選び，記号で答えなさい。

◇ 法律案は，まず数十人の国会議員からなる（ ① ）で審議《しんぎ》・可決され，その後，すべての国会議員からなる（ ② ）で審議・可決される。もう一方の議院でも審議・可決されると法律が成立する。

ア 本会議　**イ** 公聴《こうちょう》会　**ウ** 委員会　①（　　　　）②（　　　　）

(2) 衆議院の優越《ゆうえつ》に当てはまる事項《じこう》を，次のア～オから2つ選び，記号で答えなさい。（　　　　）（　　　　）

ア 国政調査権の行使　**イ** 内閣総理大臣の指名　**ウ** 条約の承認
エ 憲法改正の発議　**オ** 弾劾《だんがい》裁判所の設置

(3) 衆議院の優越が認められている理由を，「国民」の語句を使って答えなさい。

（　　　　　　　　　　　　　　　　　　　　　　）

内閣

点

合格点：80点／100点

1 次の文を読んで，あとの各問いに答えなさい。

（(5)12点，他は8点×11）

内閣総理大臣は（　①　）の中から国会で指名され，国務大臣の（　②　）を国会議員の中から選ばなければならない。内閣は，国会の信任に基《もと》づいて成立し，（　③　）権の行使について，国会に対して（　④　）して責任を負う。

(1)　①～④に当てはまる語句をそれぞれ答えなさい。　①（　　　　）

②（　　　　）③（　　　　）④（　　　　）

(2)　内閣が国会の信任のもとに成立しているしくみを何といいますか。

（　　　　）

(3)　内閣総理大臣が議長となり，すべての国務大臣が出席して，内閣の方針を決めるための会議を何といいますか。（　　　　）

(4)　内閣の仕事を，次の**ア**～**カ**から2つ選び，記号で答えなさい。

ア　法律案を議決する　　**イ**　政令を制定する　　**ウ**　予算を議決する

エ　条例を制定する　　**オ**　法律を執行《しっこう》する　　**カ**　憲法改正を発議する

（　　　　）（　　　　）

(5)　内閣不信任の決議が可決されたあと，内閣が行わなければならないことを，「10日以内」の語句を使って答えなさい。

（　　　　　　　　　　　　）

(6)　右の資料は，日本国憲法第15条の条文の一部です。資料の（　　）に当てはまる，国や地方公共団体で働く人々を何といいますか。

第15条②　すべて（　　　　）は，全体の奉仕《ほうし》者であつ《（つ）》て，一部の奉仕者ではない。

（　　　　）

(7)　次の文の①・②に当てはまる語句をそれぞれ答えなさい。

◇　近年，行政の仕事を整理して無駄《むだ》を省き行政の効率化を図る（　①　）が進められてきた。また，（　①　）の一環として，国の仕事のうち，民間企《き》業《ぎょう》にできることは民間企業に任せ，自由な経済活動を促《うなが》す（　②　）も行われている。　①（　　　　）②（　　　　）

memo

1　(2)アメリカ合衆国の大統領《だいとうりょう》制に対して，日本やイギリスが採用している制度。

裁判所，三権の抑制と均衡

点
合格点：79点／100点

1 次の各問いに答えなさい。

(7点×8)

(1) 日本では，裁判の慎重《しんちょう》と公正を図るため，原則として3回まで裁判を受けることができます。この制度を何といいますか。 (　　　　)

(2) (1)の制度のもと，第二審《しん》の判決に不服な場合に上級の裁判所に訴《うった》えることを何といいますか。 (　　　　)

(3) 民事裁判で，①権利の侵害《しんがい》を裁判所に訴えた者を何といいますか。また，②訴えられた者を何といいますか。 ①(　　　　) ②(　　　　)

(4) 次の文の①・②に当てはまる語句を，あとの**ア**～**エ**から1つずつ選び，記号で答えなさい。また，③に当てはまる語句を答えなさい。

◇ 裁判官が公正な裁判を行うために，憲法は，「すべて裁判官は，その（ ① ）に従ひ《(い)》独立してその職権を行ひ《(い)》，この憲法及《およ》び（ ② ）にのみ拘束《こうそく》される。」と定めており，これを（ ③ ）権の独立という。

ア 良心　**イ** 正義　**ウ** 内閣　**エ** 法律

①(　　　　) ②(　　　　) ③(　　　　)

(5) 2009年から始まった，国民が刑事《けいじ》裁判に参加し，被告人《ひこくにん》の有罪・無罪，刑の内容を決める制度を何といいますか。 (　　　　)

2 右の図を見て，次の各問いに答えなさい。

((3)9点，他は7点×5)

(1) 右の図のしくみを何といいますか。

(　　　　)

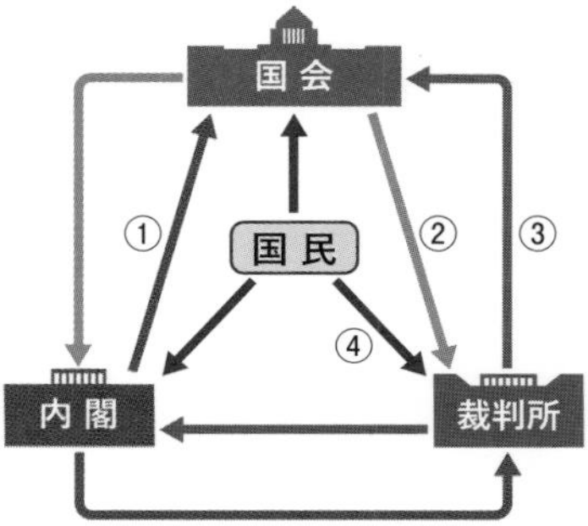

(2) 図の①～④に当てはまるはたらきを，次の**ア**～**エ**から1つずつ選び，記号で答えなさい。

ア 弾劾《だんがい》裁判所の設置　**イ** 衆議院の解散
ウ 法律の違憲審査《いけんしんさ》　**エ** 国民審査

①(　　) ②(　　) ③(　　) ④(　　)

(3) 図のしくみをとっている目的を，「集中」の語句を使って答えなさい。

(　　　　　　　　　　　　)

地方自治

点

合格点：73 点／100 点

1 次の各問いに答えなさい。

（(8)②10点，他は9点×10）

(1)　次の文の（　　　）に当てはまる語句を答えなさい。

◇　地方自治《じち》は，「（　　　）の学校」といわれている。　（　　　　　）

(2)　地方公共団体の仕事として**誤っているもの**を，次の**ア**～**エ**から１つ選び，記号で答えなさい。　（　　　）

ア　上下水道の整備　　**イ**　地方裁判所裁判官の任命

ウ　住民の戸籍《こせき》の管理　　**エ**　火事の際の消防活動

(3)　国の仕事や権限を地方公共団体に移すことを何といいますか。

（　　　　　）

(4)　地方議会が法律の範囲《はんい》内で定め，その地方公共団体でのみ適用される法を何といいますか。　（　　　　　）

(5)　被《ひ》選挙権が与《あた》えられる年齢《ねんれい》が，参議院議員と同じものを，次の**ア**～**エ**から１つ選び，記号で答えなさい。　（　　　）

ア　知事　　**イ**　県議会議員　　**ウ**　市(区)町村長　　**エ**　市(区)町村議会議員

(6)　直接請求《せいきゅう》権についてまとめた右の表の**A**～**C**に当てはまる語句を，次の**ア**・**イ**からそれぞれ選び，記号で答えなさい。

ア　有権者の50分の１　　**イ**　有権者の３分の１

A（　　　）B（　　　）C（　　　）

請求内容	必要な署名数	請求先
条例の制定・改廃《かいはい》	A	首長
監査《かんさ》請求	B	監査委員
議会の解散請求	C	選挙管理委員会

(7)　首長や地方議員を辞めさせることを**カタカナ**で何といいますか。

（　　　　　）

(8)　地方財政の歳入《さいにゅう》の内訳を示した右のグラフを見て，①国から支出されるお金を，**ア**～**エ**からすべて選びなさい。また，②グラフからわかる地方財政の問題点を答えなさい。　①（　　　　　）

②（　　　　　　　　　　）

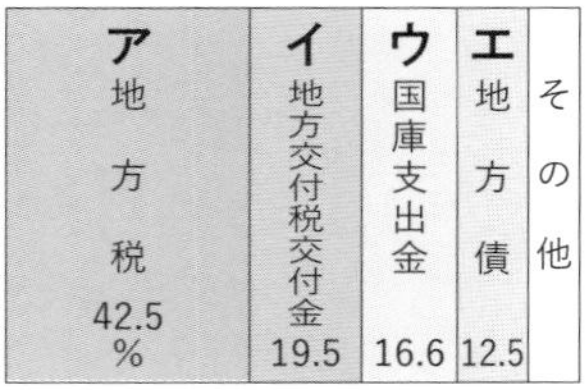

（2021年度）　（2021/22年版「日本国勢図会」）

memo

1　(8)国から支出されるお金や借金を依存財源《いぞんざいげん》，自主的に徴収《ちょうしゅう》できる地方税などを自主財源という。

消費生活と経済

点

合格点：**78** 点 ／ 100 点

1 次の各問いに答えなさい。

（(4)②12点，他は11点×8）

(1)　家庭の経済活動を何といいますか。　（　　　　）

(2)　右のグラフは，1世帯あたりの1か月間の消費支出の内訳の割合の変化を示したものです。グラフから，1970年から2020年にかけて（　①　）費の割合が最も増加し，（　②　）費の割合が最も減少したことが読み取れます。①・②に当てはまる語句を，次の**ア**～**エ**から1つずつ選び，記号で答えなさい。

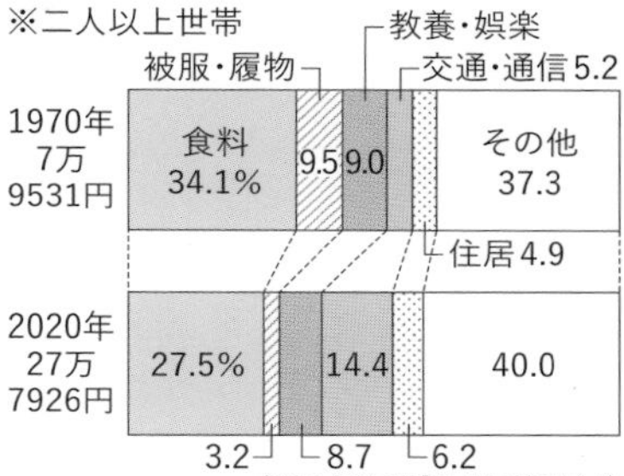

（2021/22年版「日本国勢図会」）

ア　住居　　**イ**　被服《ひふく》・履物《はきもの》　　**ウ**　食料　　**エ**　交通・通信

①（　　　　）②（　　　　）

(3)　次の文は，ある生徒の休日について述べたものです。文中の下線部**ア**～**エ**のうち，財とサービスに当てはまるものをそれぞれすべて選び，記号で答えなさい。

◇　**ア**<u>電車でＡ市まで行き</u>，**イ**<u>美容院で髪《かみ》を切った</u>。その後，百貨店の**ウ**<u>本屋でノートを購入《こうにゅう》し</u>，**エ**<u>友人と昼食を食べた</u>。

財（　　　　）　サービス（　　　　）

(4)　消費者保護のための次の①・②の制度や法律をそれぞれ何といいますか。

①　訪問販売などで契約《けいやく》をした場合，購入してから一定期間内であれば，消費者が無条件でその契約を解除できる制度。　（　　　　）

②　製品の欠陥《けっかん》によって消費者が被害《ひがい》を受けた場合，企業《きぎょう》に過失がなくても被害の救済を義務づけた法律。　（　　　　）

(5)　商品が右の図のようにして消費者に届く流れを何といいますか。

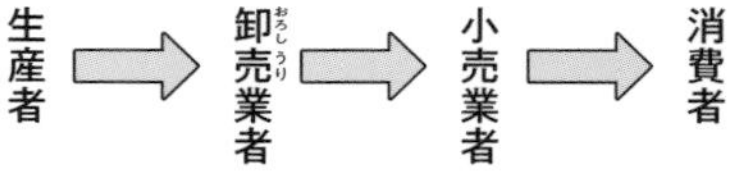

（　　　　）

(6)　(5)の図の卸売業や小売業などの業種を何といいますか。　（　　　　）

memo

1　(3)サービスとは，形のない商品のこと。

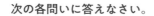

生産のしくみと労働

点
合格点：80点／100点

1　次の各問いに答えなさい。　（(4)12点，他は8点×11）

(1)　生産に必要な三つの要素をそれぞれ答えなさい。

（　　　　）（　　　　）（　　　　）

(2)　右の図について，X は株式会社の最高議決機関，Y は株主《かぶぬし》が受け取る会社の利益の一部です。それぞれ何といいますか。

X（　　　　）　Y（　　　　）

株式会社のしくみ

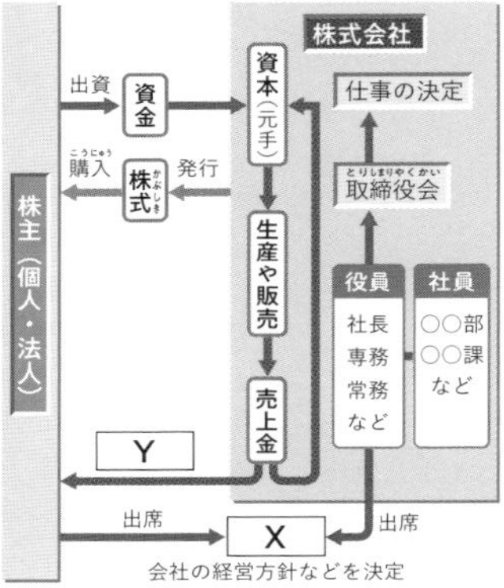

(3)　右の図について，次の文の①・②に当てはまる語句を答え，③に当てはまる語句を選びなさい。

◇　株式会社は，（　①　）を発行して得られる多くの資金をもとに設立される，（　②　）を得ることを目的とした③〔私企業《しきぎょう》　公企業〕である。

①（　　　　）　②（　　　　）　③（　　　　）

(4)　近年では，企業は利益を生み出すだけでなく，良好な職場環境《かんきょう》や環境にやさしい商品の開発，地域の文化の保護などにおいても企業として役割を果たしているかという社会的責任が問われるようになってきています。この企業の社会的責任を**アルファベット3字**で何といいますか。　（　　　　）

(5)　右の資料は，労働三法に含《ふく》まれるある法律の条文の一部です。この法律を何といいますか。　（　　　　）

> 第32条　①使用者は，労働者に，休憩《きゅうけい》時間を除《のぞ》き1週間について40時間を超《こ》えて，労働させてはならない。

(6)　近年，その実現が唱えられている，仕事と家庭や生活の両立を意味する言葉を**カタカナ**で何といいますか。　（　　　　）

(7)　次の文の（　　）に当てはまる語句を答えなさい。

◇　近年，賃金を抑《おさ》えるために，契約《けいやく》社員や派遣《はけん》社員，アルバイトなどの（　　）の雇用《こよう》を増やす企業が増えている。　（　　　　）

memo

1　(5)この法律は労働条件の最低基準を定めた法律である。

市場経済のしくみと金融

点

合格点：79点／100点

1　**次の各問いに答えなさい。**　（(1)11点，(6)②12点，他は7点×11）

(1)　右の図の**a**・**b**のうち，需要《じゅよう》曲線はどちらですか。1つ選び，記号で答えなさい。（　　　）

需要・供給量と価格の関係

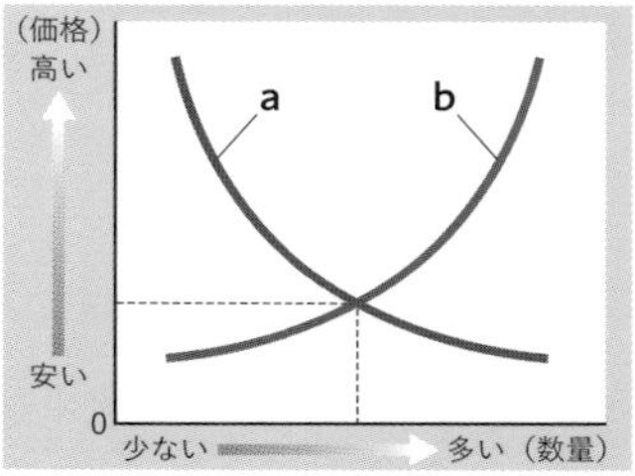

(2)　次の文の①・②に当てはまる語句を選び，③に当てはまる語句を答えなさい。

◇　需要量が供給《きょうきゅう》量を上回れば価格は①〔上《じょう》昇《しょう》　下落〕し，反対に下回れば価格は②〔上昇　下落〕する。需要量と供給量がつり合ったときの価格をとくに（　③　）という。

①（　　　　　）②（　　　　　）③（　　　　　）

(3)　次の文の①～③に当てはまる語句をそれぞれ答えなさい。

ある市場で商品を供給する企業《きぎょう》が1社のみの状態を（　①　）という。政府は，企業の自由な競争と公正な取り引きを守るために，1947年に（　②　）を制定し，（　③　）がそれを運用している。

①（　　　　　）②（　　　　　）③（　　　　　）

(4)　鉄道運賃などの国民の生活に関わりの深い価格は，国や地方公共団体が決定・認可《にんか》しています。この価格を何といいますか。（　　　　　）

(5)　日本銀行は，ⓐ紙幣《しへい》を発行するほか，ⓑ政府のお金の出し入れを行ったり，ⓒ一般《いっぱん》の銀行に資金を貸し出したりしています。下線部ⓐ～ⓒの日本銀行の役割は，それぞれ何と呼ばれていますか。

ⓐ（　　　　　）ⓑ（　　　　　）ⓒ（　　　　　）

(6)　①不景気（不況《ふきょう》）のときに起こる，物価が継続《けいぞく》的に下がり，貨幣《かへい》の価値が上がる現象を何といいますか。また，②不景気のときに日本銀行が行う金融《きんゆう》政策（公開市場操作《そうさ》）はどのようなものか，「国債《こくさい》」の語句を使って答えなさい。

①（　　　　　）

②（　　　　　　　　　　　　　　　　　　　　）

得点UP

1　(6)①好景気（好況《こうきょう》）のときに，物価が継続的に上がり，貨幣の価値が下がる現象を**インフレーション**（**インフレ**）という。

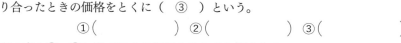

財政と福祉

点

合格点：73 点 ／100 点

1

次の各問いに答えなさい。　（(3)10点，他は9点×10）

(1)　日本の歳入《さいにゅう》の内訳を示した右のグラフの**A**・**B**に当てはまるものを，次の**ア**～**エ**から1つずつ選び，記号で答えなさい。　**A**（　　　）　**B**（　　　）

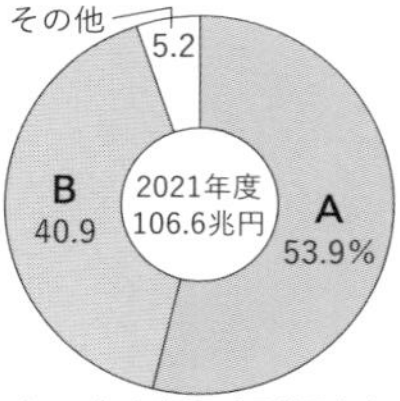

（2021/22年版「日本国勢図会」）

ア　公債金《こうさいきん》　**イ**　租税《そぜい》・印紙収入
ウ　国庫《こっこ》支出金　**エ**　法人税収入

(2)　①税金を納める人と負担する人が異なる税を何といいますか。また，②①に含《ふく》まれる税を，次の**ア**～**エ**から1つ選び，記号で答えなさい。

ア　消費税　**イ**　相続税　**ウ**　法人税　**エ**　事業税

①（　　　　　）　②（　　　）

(3)　所得税などに採られている累進《るいしん》課税とはどのような制度ですか。「税率」の語句を使って答えなさい。

（　　　　　　　　　　　　　　　　　　　　）

(4)　好景気（好況《こうきょう》）のときに行う政府の財政政策として正しいものを，次の**ア**～**エ**から2つ選び，記号で答えなさい。　（　　　）（　　　）

ア　公共投資（公共事業）を減らす　**イ**　公共投資（公共事業）を増やす
ウ　増税をする　**エ**　減税をする

(5)　次の文が説明している社会保障制度を，あとの**ア**～**エ**から1つずつ選び，記号で答えなさい。

①　生活の苦しい人々に必要な援助《えんじょ》を行う制度。　（　　　）
②　高齢《こうれい》者など働くことが困難な人々を支援《しえん》する制度。　（　　　）

ア　社会保険　**イ**　社会福祉《ふくし》　**ウ**　公的扶助《ふじょ》　**エ**　公衆衛生

(6)　新しい公害対策や環境《かんきょう》保全のほか，国際的な環境問題にも総合的に取り組むために，1993年に制定された法律を何といいますか。　（　　　　　）

(7)　持続可能な社会の実現に向けて，環境に負荷《ふか》をかけないで，再生資源を利用していこうとする社会を何といいますか。　（　　　　　）

得点UP

1　(6)この法律は公害対策基本法を発展させる形で制定された。

国際社会と世界平和

点

合格点：80点／100点

1　次の文を読んで，あとの各問いに答えなさい。

(10点×6)

世界には約190の主権ⓐ国家がある。各国は，（　①　）を尊重し，ⓑ国際社会の平和と安全を守る必要がある。近年，グローバル化が進み，ⓒ地域における国家間の結びつきが強まっている。

(1)　下線部ⓐが成立する三つの要素をそれぞれ答えなさい。

（　　　　　　）（　　　　　　）（　　　　　　）

(2)　①に当てはまる，国際慣習法や条約からなる，国際社会において国家が互《たが》いに守るべききまりを何といいますか。（　　　　　　）

(3)　下線部ⓑでは発展途上《とじょう》国と先進工業国との間に大きな経済格差があります。この経済格差や，そこから発生するさまざまな問題を何といいますか。

（　　　　　　）

(4)　下線部ⓒについて，アジア・太平洋地域の国や地域が参加している経済的な枠《わく》組みの略称《りゃくしょう》を，次の**ア**～**エ**から1つ選び，記号で答えなさい。

ア　TPP《ティーピーピー》　**イ**　ASEAN《アセアン》　**ウ**　USMCA《ユーエスエムシーエー》　**エ**　APEC《エイペック》　（　　　　）

2　次の文を読んで，あとの各問いに答えなさい。

(10点×4)

ⓐ国際連合には，すべての加盟国からなる（　①　），常任理事国と非常任理事国の15か国で構成される（　②　）のほか，いくつかの専門機関などがある。

(1)　下線部ⓐで2015年に採択《さいたく》された，2030年までに達成すべき17の目標などから構成される国際目標を何といいますか。（　　　　　　）

(2)　①・②に当てはまる語句をそれぞれ答えなさい。

①（　　　　　　）②（　　　　　　）

(3)　右の資料は，ある年の②における重要な決議案の表決結果です。賛成票が反対票より多かったにもかかわらず否決された理由を，ある権利の名称を明らかにして答えなさい。（　　　　　　）

・常任理事国…賛成４票，反対１票
・非常任理事国…賛成10票，反対０票

得点UP

❶　(3)発展途上国間で起こっている経済格差の問題は，**南南問題**という。

さまざまな国際問題

点
合格点：78点／100点

1 右のまとめを見て，次の各問いに答えなさい。

（(4)②12点，他は11点×8）

- エネルギー問題…石油・石炭・天然ガスなどの（　X　）の枯渇《こかつ》が心配される。
- 環境《かんきょう》問題…ⓐ地球温暖化が問題となっており，ⓑ環境にやさしいエネルギーが注目されている。
- 地域紛争《ふんそう》…ⓒ冷戦終結後に多発し，ⓓ発展途上《とじょう》国で国外に逃《のが》れる（　Y　）が多く発生している。

(1)　まとめのX・Yに当てはまる語句をそれぞれ答えなさい。

X（　　　　　）
Y（　　　　　）

(2)　下線部ⓐについて，次の各問いに答えなさい。

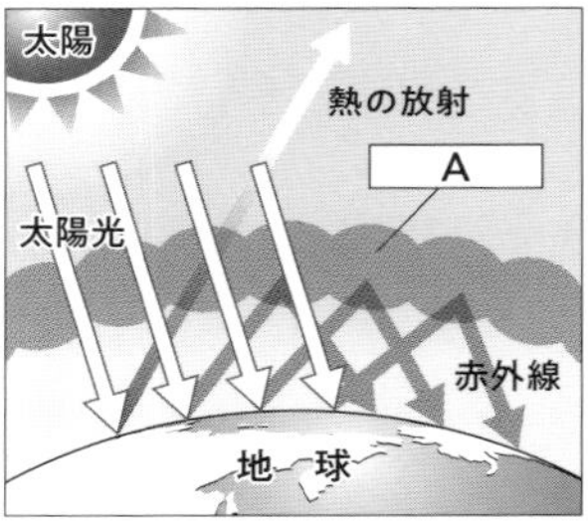

①　このメカニズムを示した右の図のAを何といいますか。また，Aのうち最も多い気体を答えなさい。　A（　　　　　）

気体（　　　　　）

②　2015年に採択《さいたく》された，地球の気温の上昇《じょうしょう》を抑《おさ》えるために，発展途上国を含《ふく》む196の国・地域にAの削減目標を立てさせた協定を何といいますか。（　　　　　）

(3)　下線部ⓑについて，再生可能エネルギーに**含まれないもの**を，次の**ア**～**エ**から1つ選び，記号で答えなさい。

ア　太陽光　　**イ**　風力　　**ウ**　火力　　**エ**　地熱　（　　　）

(4)　下線部ⓒについて，次の各問いに答えなさい。

①　冷戦終結後に増加した，特定の集団が敵対勢力に攻撃《こうげき》したり，一般人《いっぱんじん》を無差別に殺傷したりする行為《こうい》を何といいますか。（　　　　　）

②　核《かく》軍縮に関する主なできごとを示した右の年表のZに当てはまる条約を答えなさい。（　　　　　）

年	できごと
1955	第1回原水爆禁止世界大会開催《かいさい》
1963	部分的核実験停止条約の採択《さいたく》
1968	（　Z　）の採択
1996	包括《ほうかつ》的核実験禁止条約の採択
2017	核兵器禁止条約の採択

(5)　下線部ⓓについて，先進工業国の政府が発展途上国に対して行う援助《えんじょ》を**アルファベットの略称《りゃくしょう》**で何といいますか。（　　　　　）

memo

1　(1) Y 政治的な迫害《はくがい》や武力紛争《ふんそう》，人権侵害《しんがい》，自然災害《さいがい》などから逃れるために，国外や国内の他の地域に移動した人々のこと。

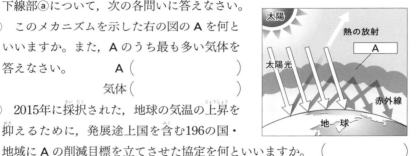

総復習テスト（社会）

点

目標時間：20分　合格点：80点／100点

1 右の年表を見て，次の各問いに答えなさい。 (4点×8)

年	できごと
1931	満州事変《まんしゅうじへん》が起こる
1932	（　①　）事件が起こる
1936	（　②　）事件が起こる
1937	日中《にっちゅう》戦争が始まる
1941	太平洋戦争が始まる……A
1945	（　③　）宣言を受諾《じゅだく》する
1952	日本が独立を回復する…B
1972	（　④　）が日本に復帰する

(1)　年表の①・②に当てはまる語句をそれぞれ答えなさい。

①（　　　　　　）②（　　　　　　）

(2)　①の事件を説明した，次の文の（　）に当てはまる語句をそれぞれ答えなさい。

◇　海軍の青年将校《しょうこう》らが（　X　）首相《しゅしょう》を暗殺し，（　Y　）政治は終わった。

X（　　　　　　）Y（　　　　　　）

(3)　A の戦争の終戦前，原子爆弾《ばくだん》を投下された都市は，長崎とどこですか。（　　　　　　）

(4)　（　③　）に当てはまる宣言の名称《めいしょう》を答えなさい。（　　　　　　宣言）

(5)　B の前年に，日米間で結ばれた条約を何といいますか。（　　　　　　条約）

(6)　（　④　）に当てはまる地域の名称を答えなさい。（　　　　　　）

2 次の各問いに答えなさい。 (4点×5)

(1)　日本国憲法の三つの基本原理である①国民主権，②基本的人権の尊重，③平和主義に関係が深いものを，次の**ア～カ**から2つずつ選び，記号で答えなさい。

ア　戦争の放棄《ほうき》　**イ**　生存権の保障《ほしょう》　**ウ**　最高裁判所裁判官の国民審査《こくみんしんさ》

エ　公開裁判　**オ**　交戦権の否認《ひにん》　**カ**　憲法改正の国民投票

①（　　・　　）②（　　・　　）③（　　・　　）

(2)　社会の変化に伴《ともな》って主張されるようになった新しい人権のうち，次の文が説明しているものを，あとの**ア～エ**から1つずつ選び，記号で答えなさい。

①　個人の私生活をみだりに公開されない権利（　　）

②　個人が自分の生き方などについて自由に決定する権利（　　）

ア　環境《かんきょう》権　**イ**　知る権利　**ウ**　プライバシーの権利　**エ**　自己決定権

裏面へ

3 右の図を見て，次の各問いに答えなさい。 (4点×7)

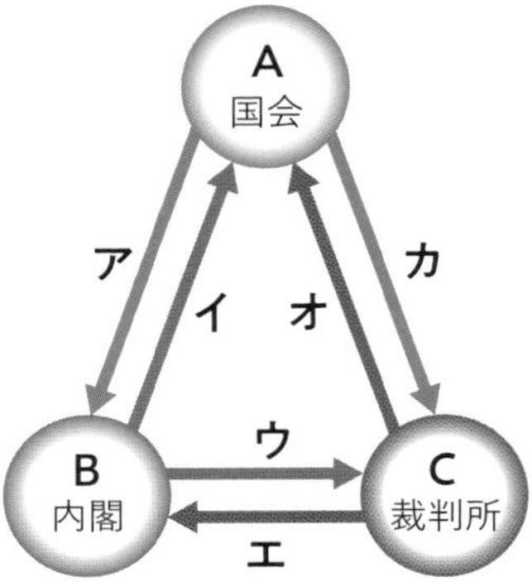

(1)　A の国会が二つの議院から成り立っている制度を何といいますか。　(　　　　　)

(2)　B の内閣が国会の信任に基づいて成立し，国会に対して連帯して責任を負っているしくみを何といいますか。　(　　　　　)

(3)　内閣が，憲法や法律の範囲《はんい》内で制定する命令を何といいますか。　(　　　　　)

(4)　C について，①原則として3回まで裁判を受けることができるしくみを何といいますか。また，②第一審《しん》の判決に不服な場合に上級の裁判所に訴《うった》えることを何といいますか。　①(　　　　　)　②(　　　　　)

(5)　次の①・②に当てはまるものを，図の**ア～カ**から1つずつ選び，記号で答えなさい。

①　最高裁判所長官の指名 (　　　　)　　②　違憲《いけん》立法の審査《しんさ》(　　　　)

4 次の各問いに答えなさい。 (4点×5)

(1)　市場価格《しじょうかかく》の説明として**誤っているもの**を，次の**ア～ウ**から1つ選び，記号で答えなさい。　(　　　　)

ア　需要《じゅよう》量が供給《きょうきゅう》量を上回れば，価格は上がる。

イ　供給量が需要量を上回れば，価格は上がる。

ウ　需要量と供給量の一致《いっち》により価格は決まる。

(2)　金融《きんゆう》機関が借り手と貸し手の間に入り，間接的にお金のやり取りをすることを何といいますか。　(　　　　　)

(3)　次の文は円高《えんだか》・円安《えんやす》のどちらですか。

◇　1ドル100円が1ドル80円になった。　(　　　　)

(4)　次の①・②の（　　）に当てはまる語句をそれぞれ答えなさい。

①　社会保障制度の4つの柱のうち，医療《いりょう》保険は (　　　　　) に含《ふく》まれる。

②　国際連合の (　　　　　　　　) は，常任理事国と非常任理事国で構成されている。

No. 01 受け身の文

❶ (1) spoken (2) was (3) by (4) to
❷ (1) are used (2) was made
(3) will be (4) were taken
❸ can be used for many purposes
❹ (1) Kyoto is visited by many [a lot of / lots of] people every year.
(2) This story was written by him ten years ago.

解説 ❶ いずれも**〈be 動詞＋過去分詞〉**の形の受け身の文。(2)**過去の受け身**の文は，**be 動詞の過去形**を使う。(3)「～によって」は by。(4)「～に知られている」は **be known to ～**。
❷ (1)現在の文で主語が複数なので，be 動詞は are を使う。(2)過去の受け身で表す。(3)助動詞 will を使った未来の受け身の文。**〈will be ＋過去分詞〉**の形。(4)過去の文で主語が複数なので，be 動詞は were を使う。
❸ 助動詞 can を使った受け身の文。**〈can be ＋過去分詞〉**の形で，**「～されうる，～されることができる」**の意味を表す。
❹ (1)「多くの人々が訪れます」→「多くの人々によって訪れられます」と考える。

No. 02 受け身の疑問文・否定文

❶ (1) Is (2) weren't (3) cleaned
❷ (1) wasn't / was (2) was (3) were
❸ (1) What is this animal called in
(2) These pictures were not taken by
❹ (1) Is English spoken in New Zealand?
(2) When was this tower built?

解説 ❶ (1)受け身の疑問文で**〈be 動詞＋主語＋過去分詞 ～?〉**の形。(2)受け身の否定文で**〈be 動詞＋ not ＋過去分詞〉**の形。主語が複数なので，were not の短縮形を選ぶ。(3)「この部屋は昨日そうじされましたか」の意味。
❷ 受け身の疑問文には，be 動詞を使って答える。(3)「だれがそのパーティーに招待されましたか」答えの文の主語は複数なので were を使う。
❸ (1)〈What ＋ be 動詞＋主語＋ called …?〉で「～は何と呼ばれているか」の意味。(2) these pictures を主語にして，受け身の否定文で表す。
❹ 受け身の疑問文は〈be 動詞＋主語＋過去分詞～?〉の形。(2)「いつ」は when で表す。そのあとは受け身の疑問文の語順になる。

No. 03 いろいろな文型

❶ (1) looks, kind (2) makes us
(3) sent me (4) told, that
(5) What, name
❷ (1) They make me nervous.
(2) I'll give you a present.
(3) Her friends call her Aya.
❸ (1) Mr. Sato showed them (that) my answer was right.
(2) What made you so happy?

解説 ❶ (1)**〈look ＋形容詞〉**で**「～に見える」**。(2) **make *A B*** で**「A を B にする」**。(3)**〈send ＋人＋物〉**で**「(人)に(物)を送る」**。send の過去形は sent。(4)〈tell ＋人＋ that …〉で「(人)に…ということを伝える[言う]」。(5)**〈name *A B*〉**（A を B と名づける）の B が what で，文頭に出た形。
❷ (1)「それら(テスト)は私を不安にさせます」という文。(2)「私はあなたにプレゼントをあげましょう」で，〈give ＋人＋物〉の文。(3)「彼女の友達は彼女をアヤと呼んでいます」という文。
❸ (1)〈show ＋人＋ that …〉で「(人)に…ということを示す」。(2)「どうしてそんなにうれしかったのですか」を，「何があなたをそんなにうれしくさせたのですか」のように表す。**〈make ＋人＋形容詞〉**の文。

No. 04 「継続」を表す現在完了形

❶ (1) studied (2) been (3) has, since
❷ (1) have wanted, for
(2) has been, since (3) I've used
(4) have played
❸ (1) I've known him for two years.
(2) My father has been in America for a year.
(3) He has lived in Kobe since he was a child.
(4) I've [I have] been busy since last week.

解説 ❶ いずれも **〈have[has]＋過去分詞〉** の形の**現在完了形**の文。(1) I've ＝ I have。(2)過去分詞は been だけ。「私は生まれてからずっと東京にいます」という意味。(3)「～年から(ずっと)」は **since** を使う。
❷ 「今までずっと～している」「ずっと～だ」は現在完了形〈have[has]＋過去分詞〉で表す。(3)空所の数から I have の短縮形を使う。
❸ (1)現在完了形を使って，「２年間ずっと彼を知っている」のように表す。know の過去分詞は known,「２年間」は **for** two years。(2) **has been in ～** で **「ずっと～にいる」**。「１年間」は for a year。(3)「子どものときから」は since he was a child。(4)「ずっと忙しい」は have been busy。

No. 05 「継続」の疑問文・否定文

❶ (1) Have (2) hasn't (3) been
❷ (1) Has, been
(2) haven't seen [met]
(3) How long has
(4) Have, known
❸ (1) hasn't (2) I've lived, for
❹ (1) Has she been on the team since last year?
(2) I haven't [have not] used this racket for a long time.

解説 ❶ (1)現在完了形の疑問文で，have を使う。(2)現在完了形の否定文で，hasn't を使う。「彼は今朝からずっと何も食べていません。」(3)継続の期間をたずねる現在完了形の疑問文で，過去分詞を使う。
❷ (3) **〈How long have[has]＋主語＋過去分詞～?〉** の形。
❸ (1)現在完了形の疑問文には，have[has]を使って答える。(2)現在完了形で「期間」を答える。
❹ (1)現在完了形の疑問文は **have[has]を主語の前**に出す。(2)現在完了形の否定文はふつう **have[has]のあとに not** をおく。

No. 06 「経験」を表す現在完了形

❶ (1) used (2) has played (3) been
(4) saw
❷ (1) have read (2) have been
(3) has sung, times
(4) have climbed, twice
(5) I've visited
❸ (1) I've [I have] seen this picture [painting] before.
(2) My father has been to Australia many times.
(3) I've [I have] often heard his name.

解説 ❶ (1)～(3)「～したことがある」という経験の意味を表す現在完了形の文。(4)「昨日グリーンさんに会った」で過去の文。
❷ **「～したことがある」** は **〈have[has]＋過去分詞〉** で表す。(2) **「～へ行ったことがある」** は **have[has] been to ～** で表す。
❸ いずれも「～したことがある」という経験の意味を表す現在完了形の文。(2) has been to ～ は「～へ行ったことがある」。(3)「しばしば」は文の終わりに very often としてもよい。

No. 07 「経験」の疑問文・否定文

❶ (1) Have, ever
(2) has never sent
(3) Have, written
(4) times have
(5) I've never played
❷ (1) haven't (2) have

❸ (1) How many times have you seen the movie?
(2) I have never been to a foreign country.

解説 ❶「(今までに)～したことがありますか」は **〈Have[Has]＋主語＋ever＋過去分詞 …?〉**,「(１度も)～したことがありません」は **〈主語＋have[has]＋never＋過去分詞 ….〉** で表す。
❷ 現在完了形の疑問文には，have[has]を使って答える。
❸ (1)「何回～したことがありますか」は，How many times で始めて，そのあとに現在完了形の疑問文の形を続ける。(2) have never been to ～で「１度も～へ行ったことがない」の意味。

No. 08 「完了」を表す現在完了形

❶ (1) has, left
(2) Have, read, yet
(3) haven't gotten [got], yet
(4) have, been
(5) has already answered
❷ (1) have just arrived here
(2) Have you done your homework yet?
(3) have not had lunch yet
❸ (1) Has he cleaned his room yet?
(2) I haven't[have not] finished my work [job] yet.

解説 ❶「～したところだ」「～してしまった」という「完了」を表す文は現在完了形で表す。(2)この read は過去分詞で［red レッド］のように発音する。「もう～してしまいましたか」の**「もう」**は**yet**。(3)否定文「まだ～していません」の**「まだ」**は **yet** 。(5)肯定文の**「すでに，もう」**は **already**。
❷ (1) just(ちょうど)は have[has]と過去分詞の間におく。(2)(3)疑問文・否定文で使う yet はふつう文末におく。
❸ (1)has を主語の前に。疑問文の yet は「もう」。(2)否定文の yet は「まだ」。

No. 09 現在完了進行形

❶ (1) waiting (2) playing
(3) been studying (4) known
❷ (1) been using (2) has been raining
(3) hasn't been
❸ (1) been waiting (2) How long
❹ (1) Emi has been watching TV for two hours.
(2) I've[I have] been studying since this morning.

解説 ❶ (1)(2)(3)**現在完了進行形**の文。ある動作について**「ずっと～している」**という継続を表すときは，**have[has] been ～ing** で表す。(4) know (知っている)などのような状態を表す，ふつう進行形にしない動詞は，現在完了進行形にもしない。
❷ (1)現在完了進行形は，「(直前まで)ずっと～していた」という意味も表せる。(3)否定文は haven't [hasn't] been ～ing。この **work** は**「(機械などが)動作する」**の意味。
❸ (1)「おはよう，由香。ごめん，遅刻しちゃった」「遅刻だよ！　30分間ずっと待っていたよ」。(2)「ボブはどのくらいの間，泳ぎ続けていますか」「だいたい１時間泳いでいると思います」。
❹ (1)「ずっとテレビを見ている」を現在完了進行形で表す。(2)現在完了進行形で表す。「今朝から」は since this morning。

No. 10 疑問詞＋to ～

❶ (1) how to (2) what to
(3) what to do (4) me when to
(5) how to write
❷ (1) taught me how to play chess
(2) tell us when to start
❸ (1) I don't [do not] know how to use this computer.
(2) Do you know where to buy those books?

解説 ❶ (1)(5) **how to ～** で，**「～のしかた」**。(2)**what to ～** で，**「何を～したらよいか」**。(3)「どうしたらよいのか」は「何をすればよいのか」と考えて what to do。(4) **when to ～** で，**「いつ～**

すればよいか」。
❷ (1)〈teach＋人＋how to 〜〉の形の文。「(人)に〜のしかたを教える」。(2)〈tell＋人＋when to 〜〉で「(人)にいつ〜すればよいか教える」。
❸ (1)「〜の使い方」を how to 〜 の形で表す。(2)「どこで…を買えばよいか」を where to 〜 の形で表す。

No. 11 It … to 〜. / too … to 〜

❶ (1) It, to　(2) It's, for　(3) too, to
(4) it, to　(5) enough, to
❷ (1) It is hard for me to get up so
(2) too busy with his work to watch
❸ (1) It is [It's] exciting to play tennis.
(2) He was too tired to walk.

解説　❶ (1)**「〜することは…です」**は，It を主語にして，**It is … to 〜.** の形で表す。(2) It is は短縮形 It's を使う。「〜にとって」は**〈for＋人〉**で，不定詞の前におく。(3)**「(あまりに)…すぎて－には〜できない」**は，**〈too … for － to 〜〉**の形で表す。(4)疑問文なので，is が it の前にくる。(5)〈形容詞＋enough for － to 〜〉の形で「十分…なので－には〜できる」の意味。
❷ (1) It is … for － to 〜. の形。(2) too … to 〜の文。
❸ (1) It … to 〜. の文。(2)「(あまりに)…すぎて〜できない」は too … to 〜 で表せる。

No. 12 want＋人＋to 〜，let など

❶ (1) tell her to　(2) Let, introduce
(3) want you to　(4) helped, carry
(5) not to
❷ (1) you want me to go shopping
(2) ask Tom to teach me English
❸ (1) My friends asked me to play the guitar.
(2) My mother told me to clean my room.

解説　❶ (1)**〈tell＋人＋to 〜〉**で**「(人)に〜するように言う」**。(2)**〈let＋人＋動詞の原形〉**で**「(人)に〜させる」**。Let me 〜. は「私に〜させてください」。(3)**〈want＋人＋to 〜〉**で**「(人)に〜してほしい」**。(4)**〈help＋人＋動詞の原形〉**で**「(人)が〜するのを手伝う」**。(5)「(人)に〜しないように言う」は，tell 人 not to 〜 の形で表す。
❷ (1)〈want＋人＋to 〜〉の形。Do you want me to 〜? は「〜しましょうか」という申し出の表現。(2)**〈ask＋人＋to 〜〉**で**「(人)に〜するように頼む」**。
❸ (1)〈ask＋人＋to 〜〉の形。

No. 13 名詞を修飾する ing 形・過去分詞

❶ (1) girl running　(2) built
(3) sitting　(4) walking　(5) used
❷ (1) enjoyed the dinner cooked by Nancy
(2) The girl talking with them is Tom's sister.
❸ (1) Ken has an uncle living in Kyoto.
(2) English is a language spoken in many [a lot of / lots of] countries.

解説　❶ (1)(3)(4)〈名詞＋**動詞の ing 形**＋語句〉で**「〜している…」**の意味。(2)(5)〈名詞＋**過去分詞**＋語句〉で**「〜された…」**の意味。
❷ (1) the dinner を cooked by Nancy が後ろから修飾する形に。(2)主語の The girl を talking with them が後ろから修飾する形に。
❸ (1)「京都に住んでいるおじ」を ing 形を使って表す。(2)「多くの国で話される言語」を過去分詞を使って表す。

No. 14 名詞を修飾する〈主語＋動詞〉

❶ (1) I wrote　(2) gave me
(3) I bought [got]　(4) Jack told
(5) I found
❷ (1) I received　(2) I saw, old
❸ (1) The woman you saw at the station is
(2) anything you want to do tomorrow

解説　❶ いずれも〈主語＋動詞〉のまとまり

が名詞を後ろから修飾する文。
❷ (1) the e-mail を I received yesterday が後ろから修飾する形。(2)「私がこの街で見た寺はとても古かった」という意味の 1 文で表す。the temples を I saw in this city が後ろから修飾する形。
❸ (1)「あなたが駅で見た女性」を主語にする。the woman を you saw at the station が後ろから修飾する形。(2) anything を you want to do tomorrow が後ろから修飾する形。

No. 15 関係代名詞（主格 who）

❶ (1) who　(2) likes　(3) who plays
❷ (1) who wrote　(2) who lives
(3) who is　(4) who came
❸ (1) a person who can play the piano
(2) the girl who has long hair
(3) some people who don't like fish

解説　❶ (1)先行詞(前の名詞)が**「人」**のとき，主格(続く動詞の主語のはたらき)の関係代名詞は **who**。(2)関係代名詞 who に続く動詞の現在形は，**先行詞の人称・数に合わせる。**
❷ (1)「夏目漱石は『坊っちゃん』を書いた作家です」。(2)「私にはニューヨークに住んでいるおじがいます」。(3)「彼女はみんなに知られている音楽家です」。(4)「昨日パーティーに来た少年は健です」。
❸ いずれも〈先行詞(人)＋ who(＋ can / don't)＋動詞 ～〉の語順にする。

No. 16 関係代名詞（主格 which・that）

❶ (1) which　(2) that　(3) has
❷ (1) which goes　(2) that are
(3) which was　(4) that made
❸ (1) a house which has a large garden
(2) a map which shows the way
(3) a movie that makes us sad

解説　❶ 先行詞が**人以外**のとき，関係代名詞は **which** か **that** を使う。
❷ (1)「あれが病院へ行くバスです」。(2)「私は子どものためによい本を持っています」。(3)「これはトムによって書かれた手紙です」。(4)「これが彼女を有名にした歌です」。
❸ (1)主格の関係代名詞 which を使う文。先行詞は a house。(3) make *A B* で「A を B にする」。

No. 17 関係代名詞（目的格）

❶ (1) which　(2) that
❷ (1) which I saw last week was
(2) the boy that I met
❸ (1) me the sport which you like
(2) anything that I can do
❹ (1) The book which I read yesterday was interesting.
(2) Sapporo is one of the cities that I want to visit.
(3) The pictures that he took were very beautiful [pretty].

解説　❶〈先行詞＋目的格の関係代名詞(which / that)＋主語＋動詞 ～〉の形。
❷ (1)「私が先週見た映画はわくわくしました」。(2)「こちらが私がパーティーで会った少年です」。
❸ 関係代名詞 which か that のいずれかで，先行詞を後ろから修飾する。

No. 18 間接疑問 / 付加疑問

❶ (1) what　(2) why　(3) when
(4) doesn't
❷ (1) how, came [got]
(2) didn't she　(3) where, from
❸ (1) what time it is now
(2) when Kumi's birthday is
❹ (1) Do you know who she is?
(2) I want to know where she bought [got] the book.

解説　❶ (1)(2)(3)間接疑問。(1)「私は何が箱の中に入っているか知りません」。(2)「あなたはなぜトムが怒っているか知っていますか」。(3)「私はいつ財布をなくしたか思い出せません」。(4)付加疑問。一般動詞の現在の文で主語が 3 人称単数なので doesn't を使う。

❷ (1)「どうやって」なので，how を使う。(2)一般動詞の過去の文につく付加疑問なので，didn't を使う。(3) Where is Bob from? を where ～ is from の形に。

❸ (1)「私は今，何時なのか知りません」という間接疑問の文。what time のあとは it is(主語＋動詞)の語順に。(2)「あなたは久美の誕生日がいつなのか知っていますか」という間接疑問の文。when のあとは Kumi's birthday is(主語＋動詞)の語順に。

❹ (2)疑問詞のあとはふつうの文の語順。

No. 19 仮定法

❶ (1) were　(2) could speak
(3) were　(4) would go

❷ (1) wish　(2) wish, could
(3) had, would　(4) were, could
(5) were, wouldn't buy [get]

❸ (1) I wish (that) I had more time.
(2) If I had a car, I could go there.

解説　❶ (1)(2) **〈I wish (that) ＋主語＋過去形 ～.〉**で，**「～であればよいのに」**という**現実に反する願望を表す**。(2)「私が世界のすべての言語を話せればいいのに」。(3)(4)〈If＋主語＋過去形 ～, ….〉で「もし～であれば，…だろうに」と現実に反する仮定を表す。文の後半では助動詞の過去形(would / could)を使う。(3)「もし私があなただったら，今すぐに病院に行くでしょう」。

❷ (1)(4)仮定法の文では，主語が何であっても be 動詞の過去形は were を使うことが多い。(2)**「～できたらいいのに」**は，**〈I wish ＋主語＋ could ＋動詞の原形 ～.〉**で表せる。

❸ (1)「もっとたくさんの時間を持っていたらいいのに」と考える。

No. 20 会話表現

❶ (1) May, speak
(2) Why don't, come
(3) Would, like　(4) How
(5) What a

❷ (1) ウ　(2) エ　(3) ア　(4) イ

解説　❷ (1)「いいえ，私があとでかけます」。(2)「はい，どうぞ」。(3)「喜んで」。(4)「6番バスに乗ってください」。

No. 21 総復習テスト(英語)

❶ (1) used　(2) cleaned　(3) standing
(4) has　(5) when　(6) that　(7) go

❷ (1) taken　(2) talking　(3) seen
(4) studying　(5) written

❸ (1) has been　(2) made in
(3) It, to　(4) has been　(5) me how

❹ (1) is, called　(2) told, to
(3) have never [not]
(4) It, to　(5) I had

❺ (1) which he made was very good
(2) will make them very happy
(3) what he wants to be
(4) her to play the guitar

❻ (1) It is important to learn about other cultures.
(2) What do you want me to do?
(3) I have a friend who lives in Canada.

解説　❶ (1)受け身の文。(2)現在完了形(完了)。(3)名詞を後ろから修飾する ing 形。(4)現在完了形。(5)間接疑問。「トムが日本にいつ来るか知っていますか」。(6)主格の関係代名詞 that。(7)〈let ＋人＋動詞の原形〉。

❷ (4)「どのくらいの間，勉強し続けていますか」。現在完了進行形の文。

❸ (2)「日本で作られた腕時計」と考える。

❹ (5)「私にもっとお金があればなあ」。wish を使った仮定法の文。

❺ (1)「彼が作ったパイはとてもおいしかった」。(2)「あなたのスピーチは彼らをとてもうれしくさせるでしょう」。(3)「私は彼が何になりたいのか知りません」。(4)「私は彼女にギターをひいてくれるように頼むつもりです」。

❻ (2)〈want ＋人＋ to ～〉の文。

ANSWERS

No. 22 多項式の乗除と乗法公式

1 (1) $\boldsymbol{6x^2-4xy}$
(2) $\boldsymbol{-6a^2+12ab-15a}$
(3) $\boldsymbol{2x-3}$　(4) $\boldsymbol{18x-3y}$

2 (1) $\boldsymbol{ab+5a+2b+10}$　(2) $\boldsymbol{6x^2-7x-3}$
(3) $\boldsymbol{x^2+11x+28}$　(4) $\boldsymbol{x^2+12x+36}$
(5) $\boldsymbol{y^2-10y+25}$　(6) $\boldsymbol{a^2-49}$
(7) $\boldsymbol{x^2-xy-12y^2}$　(8) $\boldsymbol{x^2+\frac{1}{2}x+\frac{1}{16}}$

3 (1) $\boldsymbol{2x^2+5x+3}$　(2) $\boldsymbol{-10x-14}$

解説

1 (3)　$(4xy-6y)\div 2y=\dfrac{4xy}{2y}-\dfrac{6y}{2y}=2x-3$

(4)　$(6x^2y-xy^2)\div\dfrac{1}{3}xy=(6x^2y-xy^2)\times\dfrac{3}{xy}$
$=6x^2y\times\dfrac{3}{xy}-xy^2\times\dfrac{3}{xy}=18x-3y$

2 乗法公式を利用する。
- $\boldsymbol{(x+a)(x+b)=x^2+(a+b)x+ab}$
- $\boldsymbol{(x+a)^2=x^2+2ax+a^2}$
- $\boldsymbol{(x-a)^2=x^2-2ax+a^2}$
- $\boldsymbol{(x+a)(x-a)=x^2-a^2}$

3 (2)　$(x+1)(x-4)-(x+5)(x+2)$
$=x^2-3x-4-(x^2+7x+10)=-10x-14$

No. 23 因数分解①

1 (1) $\boldsymbol{a(b+c)}$　(2) $\boldsymbol{2p(2y-3z)}$
(3) $\boldsymbol{ab(a+b)}$　(4) $\boldsymbol{7x(x-3)}$
(5) $\boldsymbol{3x(2a+b-3c)}$　(6) $\boldsymbol{2xy(2x-4+5y)}$

2 (1) $\boldsymbol{(a+3)(a-3)}$　(2) $\boldsymbol{(x-9)^2}$
(3) $\boldsymbol{(x+5)^2}$　(4) $\boldsymbol{(6x+11y)(6x-11y)}$
(5) $\boldsymbol{\left(x+\frac{1}{4}y\right)\left(x-\frac{1}{4}y\right)}$　(6) $\boldsymbol{3(x-3)^2}$
(7) $\boldsymbol{2(2x+1)(2x-1)}$　(8) $\boldsymbol{(a+7)^2}$

解説

1 (2)　$4py-6pz=2p\times 2y-2p\times 3z$
$=2p(2y-3z)$

2 (4)　$36x^2-121y^2=(6x)^2-(11y)^2$
$=(6x+11y)(6x-11y)$

(6)　$3x^2-18x+27=3(x^2-6x+9)=3(x-3)^2$

No. 24 因数分解②

1 (1) $\boldsymbol{(x+1)(x+6)}$　(2) $\boldsymbol{(y+3)(y-4)}$
(3) $\boldsymbol{(x-2)(x+4)}$　(4) $\boldsymbol{(x-5)(x-6)}$
(5) $\boldsymbol{(x+y)(x+2y)}$　(6) $\boldsymbol{(a-6)(a+8)}$
(7) $\boldsymbol{a(x+7)(x+9)}$　(8) $\boldsymbol{4(x-4)(x+5)}$

2 (1) $\boldsymbol{(3a+2b)^2}$　(2) $\boldsymbol{(a+b)(2x-3)}$
(3) $\boldsymbol{(x-1)(x+5)}$　(4) $\boldsymbol{(x-4)(x+4)}$

解説

1 (1)　和が7，積が6になる2数は1と6だから，
$x^2+7x+6=x^2+(1+6)x+1\times 6$
$=(x+1)(x+6)$

2 (4)　$x-1$ を X とすると，
$(x-1)^2+2(x-1)-15$
$=X^2+2X-15$
$=(X-3)(X+5)$
X をもとにもどすと，
$(X-3)(X+5)$
$=(x-1-3)(x-1+5)$
$=(x-4)(x+4)$

別解　展開して計算する。
$(x-1)^2+2(x-1)-15$
$=x^2-2x+1+2x-2-15$
$=x^2-16=(x-4)(x+4)$

No. 25 式の計算の利用

1 (1) **39204**　(2) **1599**　(3) **2800**　(4) **300**

2 (1) **−71**　(2) **52**

3 **連続する4つの自然数を $\boldsymbol{n}$，$\boldsymbol{n+1}$，$\boldsymbol{n+2}$，$\boldsymbol{n+3}$ と表すと，まん中の2つの数の積は，$\boldsymbol{(n+1)(n+2)}$，残りの2つの数の積は，$\boldsymbol{n(n+3)}$ だから，**
$\boldsymbol{(n+1)(n+2)-n(n+3)}$
$\boldsymbol{=(n^2+3n+2)-(n^2+3n)}$
$\boldsymbol{=n^2+3n+2-n^2-3n=2}$
すなわち，連続する4つの自然数のまん中の2つの数の積は，残りの2つの数の積より2だけ大きい。

解説

❶ 次のように数を分解して，乗法公式や因数分解の公式を利用する。

(1)　$198^2=(200-2)^2$

(2)　$39\times41=(40-1)(40+1)$

(3)　$64^2-36^2=(64+36)(64-36)$

(4)　$5\times16^2-5\times14^2=5(16^2-14^2)$
$=5(16+14)(16-14)$

❷(1)　**式を簡単にしてから**，数を代入する。
$(x+5)(x-5)-(x+3)(x-8)$
$=x^2-25-(x^2-5x-24)=5x-1$
$=5\times(-14)-1=-70-1=-71$

(2)　$x^2-y^2=(x+y)(x-y)=13\times4=52$

No. 26 平方根

❶ (1) **±5**　(2) **±0.4**　(3) **$\pm\frac{2}{9}$**

❷ (1) **$\pm\sqrt{17}$**　(2) **$\pm\sqrt{0.5}$**　(3) **$\pm\sqrt{\frac{2}{3}}$**

❸ (1) **3**　(2) **-7**　(3) **3**
(4) **$\frac{5}{8}$**　(5) **6**　(6) **7**

❹ (1) **$\sqrt{11}<\sqrt{12}$**　(2) **$4>\sqrt{15}$**
(3) **$-3>-\sqrt{10}$**　(4) **$0.1<0.2<\sqrt{0.1}$**

解説

❶(1)　$5^2=25$，$(-5)^2=25$ だから，25の平方根は，±5

❸(1)　$\sqrt{9}$ は9の正の平方根だから，3

❹(1)　$11<12$だから，$\sqrt{11}<\sqrt{12}$

(3)　$3^2=9$，$(\sqrt{10})^2=10$ で，$9<10$ だから，
$\sqrt{9}<\sqrt{10}$，$3<\sqrt{10}$
よって，$-3>-\sqrt{10}$

No. 27 平方根の乗除

❶ (1) **$\sqrt{42}$**　(2) **$-\sqrt{15}$**　(3) **$\sqrt{7}$**　(4) **-2**

❷ (1) **$\sqrt{48}$**　(2) **$\sqrt{180}$**　(3) **$4\sqrt{5}$**
(4) **$3\sqrt{13}$**　(5) **$\frac{2\sqrt{5}}{5}$**　(6) **$\frac{3\sqrt{3}}{2}$**

❸ (1) **$2\sqrt{15}$**　(2) **$6\sqrt{6}$**　(3) **$\sqrt{10}$**　(4) **$\frac{2\sqrt{6}}{3}$**

解説

❶(2)　$\sqrt{3}\times(-\sqrt{5})=-\sqrt{3\times5}=-\sqrt{15}$

(3)　$\sqrt{56}\div\sqrt{8}=\sqrt{\frac{56}{8}}=\sqrt{7}$

❷(1)　$4\sqrt{3}=\sqrt{4^2\times3}=\sqrt{48}$

(3)　$\sqrt{80}=\sqrt{4^2\times5}=4\sqrt{5}$

(6)　$\frac{9}{2\sqrt{3}}=\frac{9\times\sqrt{3}}{2\sqrt{3}\times\sqrt{3}}=\frac{9\sqrt{3}}{6}=\frac{3\sqrt{3}}{2}$

❸(1)　$\sqrt{6}\times\sqrt{10}=\sqrt{2\times3}\times\sqrt{2\times5}$
$=\sqrt{2\times3\times2\times5}=2\sqrt{15}$

(4)　$\sqrt{32}\div2\sqrt{3}=4\sqrt{2}\div2\sqrt{3}$
$=\frac{2\sqrt{2}}{\sqrt{3}}=\frac{2\sqrt{2}\times\sqrt{3}}{\sqrt{3}\times\sqrt{3}}=\frac{2\sqrt{6}}{3}$

No. 28 平方根の加減

❶ (1) **$7\sqrt{7}$**　(2) **$13\sqrt{2}+\sqrt{3}$**　(3) **$2\sqrt{5}$**
(4) **$\sqrt{3}$**　(5) **$-2\sqrt{3}$**　(6) **$3\sqrt{5}-6\sqrt{7}$**

❷ (1) **3**　(2) **$\frac{\sqrt{2}}{5}$**
(3) **$-8+3\sqrt{2}$**　(4) **$8+2\sqrt{15}$**
(5) **$24-12\sqrt{3}$**　(6) **-37**

❸ (1) **$-8\sqrt{2}$**　(2) **2**

解説

❶(3)　$\sqrt{125}-\sqrt{45}=5\sqrt{5}-3\sqrt{5}=2\sqrt{5}$

(5)　$\frac{3}{\sqrt{3}}-\sqrt{27}=\sqrt{3}-3\sqrt{3}=-2\sqrt{3}$

❷(2)　$\sqrt{32}\div\sqrt{50}\div\sqrt{8}=4\sqrt{2}\div5\sqrt{2}\div2\sqrt{2}$
$=\frac{4\sqrt{2}}{5\sqrt{2}\times2\sqrt{2}}=\frac{4\sqrt{2}}{20}=\frac{\sqrt{2}}{5}$

(3)　$(\sqrt{2}-2)(\sqrt{2}+5)$
$=(\sqrt{2})^2+\{(-2)+5\}\sqrt{2}+(-2)\times5$
$=2+3\sqrt{2}-10=-8+3\sqrt{2}$

❸(1)　$x^2-y^2=(x+y)(x-y)$
$=\{(2-\sqrt{2})+(2+\sqrt{2})\}\{(2-\sqrt{2})-(2+\sqrt{2})\}$
$=4\times(-2\sqrt{2})=-8\sqrt{2}$

(2)　$x^2-4x+4=(x-2)^2$
$=(2-\sqrt{2}-2)^2=(-\sqrt{2})^2=2$

No. 29 2次方程式とその解き方

❶ (1) **1**　(2) **2，4**

❷ (1) **$x=\pm3$**　(2) **$x=\pm\frac{2\sqrt{3}}{3}$**
(3) **$x=2$，$x=-14$**　(4) **$x=2\pm2\sqrt{3}$**
(5) **$x=8$，$x=-10$**　(6) **$x=7\pm4\sqrt{3}$**

❸ (1) $\boldsymbol{x=\frac{-5\pm\sqrt{17}}{2}}$　(2) $\boldsymbol{x=\frac{-7\pm\sqrt{37}}{6}}$

(3) $\boldsymbol{x=-1\pm\sqrt{6}}$　(4) $\boldsymbol{x=2,\ x=-\frac{3}{2}}$

解説

❶値を代入し，**等式が成り立つか**調べる。

❷(1)　$4x^2=36$，$x^2=9$，$x=\pm3$

(4)　$(x-2)^2=12$，$x-2=\pm2\sqrt{3}$，
$x=2\pm2\sqrt{3}$

❸(2)　$x=\frac{-7\pm\sqrt{7^2-4\times3\times1}}{2\times3}$

$=\frac{-7\pm\sqrt{49-12}}{6}=\frac{-7\pm\sqrt{37}}{6}$

No. 30 2次方程式と因数分解

❶ (1) $\boldsymbol{x=6,\ x=-3}$　(2) $\boldsymbol{x=-1,\ x=4}$

(3) $\boldsymbol{x=0,\ x=-5}$　(4) $\boldsymbol{x=\frac{4}{5}}$

(5) $\boldsymbol{x=2,\ x=3}$　(6) $\boldsymbol{x=6}$

(7) $\boldsymbol{x=-3,\ x=5}$　(8) $\boldsymbol{x=2,\ x=-9}$

❷ (1) $\boldsymbol{x=2,\ x=-6}$　(2) $\boldsymbol{x=-2}$

(3) $\boldsymbol{x=-4,\ x=8}$　(4) $\boldsymbol{x=4,\ x=-7}$

解説

❶(5)　$x^2-5x+6=0$，$(x-2)(x-3)=0$
$x-2=0$ または $x-3=0$
よって，$x=2$，$x=3$

(6)　$x^2-12x+36=0$，$(x-6)^2=0$
$x-6=0$　よって，$x=6$

❷(1)　$x(x+4)=12$，$x^2+4x=12$，
$x^2+4x-12=0$，$(x-2)(x+6)=0$
$x-2=0$ または $x+6=0$
よって，$x=2$，$x=-6$

(4)　$2x^2+6x-56=0$，$x^2+3x-28=0$，
$(x-4)(x+7)=0$，
$x-4=0$ または $x+7=0$
よって，$x=4$，$x=-7$

No. 31 2次方程式の応用

❶ (1) $\boldsymbol{a=-1}$　(2) $\boldsymbol{x=-1}$

❷ **5**

❸ **8 cm と12 cm**

❹ **6 cm**

解説

❶(1)　$x=2$ を方程式に代入して，
$2^2+2a+2a=0$，$4a=-4$，$a=-1$

❷ $x^2-10=3x$　これを解くと，
$x=-2$，$x=5$　$x>0$ より，$x=5$

❸長方形の縦の長さを $x$cm とすると，
$x(20-x)=96$
これを解くと，$x=8$，$x=12$
2つの解とも $0<x<20$ を満たす。

❹正方形の1辺を $x$cm とすると，
$(x-2)(x+4)=40$　これを解くと，
$x=6$，$x=-8$　$x>0$ より，$x=6$

No. 32 関数 $y=ax^2$

❶ (1) $\boldsymbol{y=4x}$　(2) $\boldsymbol{y=6\pi x^2}$，**比例定数…**$\boldsymbol{6\pi}$

(3) $\boldsymbol{y=6x^2}$，**比例定数…6**

❷ (1) **㋐18　㋑50　㋒98**　(2) **9倍**

❸ (1) $\boldsymbol{y=4x^2}$　(2) $\boldsymbol{y=-27}$

解説

❶(2)　(円柱の体積)＝(底面積)×(高さ)だから，
$y=\pi x^2\times6=6\pi x^2$

(3)　(立方体の表面積)＝(正方形の面積)×6
だから，$y=x^2\times6=6x^2$

❸(1)　式を $y=ax^2$ とおいて，$x=2$，$y=16$ を代入すると，$16=a\times2^2$，$a=4$

(2)　$y=ax^2$ に $x=2$，$y=-12$ を代入して，
$-12=a\times2^2$，$a=-3$
$y=-3x^2$ に $x=-3$ を代入して，
$y=-3\times(-3)^2=-3\times9=-27$

No. 33 関数 $y=ax^2$ のグラフ

❶ (1) **㋐，㋒，㋓**

(2) **㋐と㋑，**
㋓と㋕

❷ (1) **B**

(2) $\boldsymbol{a=64}$

❸ (1) **右の図**

(2) **㋐** $\boldsymbol{0\leqq y\leqq8}$

㋑ $\boldsymbol{-2\leqq y\leqq0}$

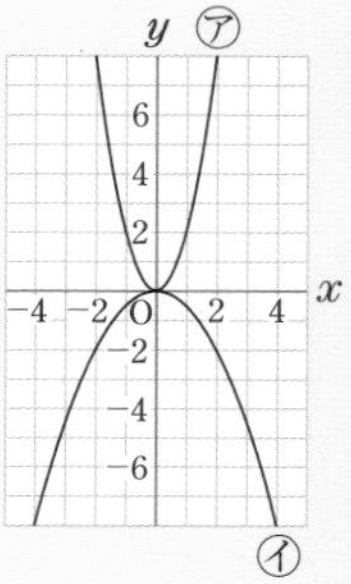

ANSWERS

解説

❶(1)　$y=ax^2$ のグラフでは，$a>0$ のとき，グラフは上に開く。

(2)　$y=ax^2$ のグラフと $y=-ax^2$ のグラフは，x 軸について対称となる。

❸(2)　グラフを見て変域を求めるとよい。

㋐　グラフより，$x=-2$ のとき，$y=2\times(-2)^2=8$ で最大値，$x=0$ のとき $y=0$ で最小値をとる。

㋑　グラフより，$x=-2$ のとき，$y=-\frac{1}{2}\times(-2)^2=-2$ で最小値，$x=0$ のとき $y=0$ で最大値をとる。

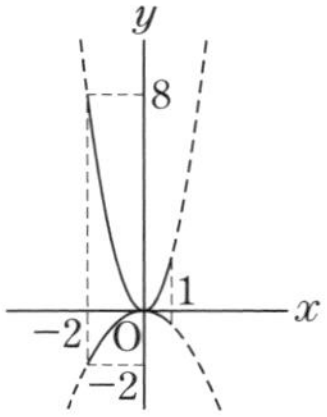

No. 34　関数 $y=ax^2$ と変化の割合

❶ (1) **−15**　　(2) **27**

❷ (1) $\boldsymbol{a=3}$　　(2) $\boldsymbol{a=2}$

❸ (1) $\boldsymbol{y=\frac{1}{125}x^2}$　　(2) **時速75 km**

解説

❶ **変化の割合$=\dfrac{y\text{ の増加量}}{x\text{ の増加量}}$**

(1)　x の増加量は，$-1-(-4)=3$

y の増加量は，$3\times(-1)^2-3\times(-4)^2=-45$

よって，変化の割合は，$\dfrac{-45}{3}=-15$

❷(1)　$\dfrac{a\times4^2-a\times2^2}{4-2}=18$ より，$a=3$

(2)　$\dfrac{(a+3)^2-a^2}{a+3-a}=7$ より，$a=2$

❸(2)　$y=\dfrac{1}{125}x^2$ に $y=45$ を代入して，

$45=\dfrac{1}{125}x^2$，$x^2=5625$，$x=\pm75$

$x>0$ だから，$x=75$

No. 35　相似な図形

❶ (1) **辺 FD**　　(2) **∠C**

❷ (1) **3：4**　　(2) **12 cm**　　(3) **70°**

❸ (1) **243 cm²**　　(2) **48 cm³**

解説

❷(1)　対応する辺の比を求めると，

AB：EF＝9：12＝3：4

(2)　DA：HE＝3：4，DA：16＝3：4，

4DA＝48，DA＝12(cm)

(3)　∠C に対応する角は∠G。

❸(1)　Q の表面積を $x$cm² とすると，

$2^2:3^2=108:x$　$x=\dfrac{9\times108}{4}=243(\text{cm}^2)$

(2)　P の体積を $x$cm³ とすると，

$2^3:3^3=x:162$　$x=\dfrac{8\times162}{27}=48(\text{cm}^3)$

No. 36　相似と証明

❶ **△AED，△CDF**

❷ (1) **△ABC と△DEC において，**

仮定から，∠ABC＝∠DEC　……①

また，∠ACB＝∠DCE(共通)　……②

①，②より，2 組の角がそれぞれ等しいから，△ABC∽△DEC

(2) **15 cm**

❸ **△AOB と△DOC において，**

仮定から，∠BAO＝∠CDO　……①

対頂角から，∠AOB＝∠DOC　……②

①，②より，2 組の角がそれぞれ等しいから，△AOB∽△DOC

したがって，AO：DO＝BO：CO

だから，AO：BO＝DO：CO　……③

△AOD と△BOC において，

対頂角から，∠AOD＝∠BOC　……④

③，④より，2 組の辺の比とその間の角がそれぞれ等しいから，

△AOD∽△BOC

したがって，AD：BC＝AO：BO

解説

❶ △BEF と△AED で，∠E は共通

また，BF // AD より，

∠EBF＝∠EAD(同位角)

2 組の角がそれぞれ等しいから，

△BEF∽△AED

また，△BEF と△CDF で，

∠BFE＝∠CFD(対頂角)

BE // DC より，

$\angle$BEF＝$\angle$CDF(錯角)

2組の角がそれぞれ等しいから，

△BEF∽△CDF

❷(2)　△ABC∽△DEC より，

AB：DE＝BC：EC，12：8＝BC：10，

8BC＝120，BC＝15(cm)

No. 37 平行線と線分の比

❶ (1) **2：5**　　(2) **4：25**

❷ (1) $\boldsymbol{x=\frac{100}{9}}$　　(2) $\boldsymbol{x=8}$

❸ (1) **四角形 FBDE において，仮定より，点 D，E，F はそれぞれ△ABC の各辺の中点である。**

よって，中点連結定理より，

$\mathbf{FE=\frac{1}{2}BC}$**，FE // BC**

また，$\mathbf{BD=\frac{1}{2}BC}$

したがって，

FE＝BD，FE // BD

四角形 FBDE は1組の対辺が平行で長さが等しいから，平行四辺形である。

(2) **25 cm**

解説

❶(1)　DE：BC＝2：(2＋3)＝2：5

(2)　△ADE∽△ABC で，相似比が 2：5 だから，$2^2:5^2=4:25$

❷(1)　$x:20=10:(10+8)$，$18x=200$，$x=\frac{100}{9}$

(2)　$6:(4+x)=4:8$，$4(4+x)=48$，

$16+4x=48$，$4x=32$，$x=8$

❸(2)　FD$=\frac{1}{2}$AC＝7(cm)，DE$=\frac{1}{2}$AB＝8(cm)，

EF$=\frac{1}{2}$BC＝10(cm)

よって，FD＋DE＋EF＝25(cm)

No. 38 円周角の定理

❶ (1) $\boldsymbol{\angle x=50^\circ}$，$\boldsymbol{\angle y=100^\circ}$

(2) $\boldsymbol{\angle x=55^\circ}$，$\boldsymbol{\angle y=35^\circ}$

(3) $\boldsymbol{\angle x=65^\circ}$，$\boldsymbol{\angle y=25^\circ}$

(4) $\boldsymbol{\angle x=60^\circ}$，$\boldsymbol{\angle y=105^\circ}$

❷ (1) $\boldsymbol{\angle x=25^\circ}$　　(2) $\boldsymbol{\angle x=105^\circ}$

❸ **△ABD と△AEC において，**

$\mathbf{\overset{\frown}{BD}=\overset{\frown}{DC}}$ **だから，**

$\mathbf{\angle BAD=\angle EAC}$　……①

$\mathbf{\overset{\frown}{AB}}$ **に対する円周角だから，**

$\mathbf{\angle ADB=\angle ACE}$　……②

①，②より，2組の角がそれぞれ等しいから，

△ABD∽△AEC

解説

❷次の図のように考えて解く。

(1)

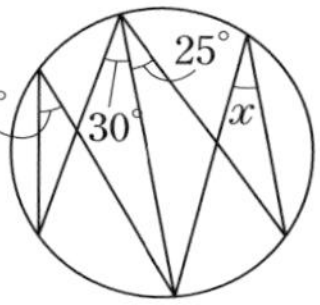

(2)

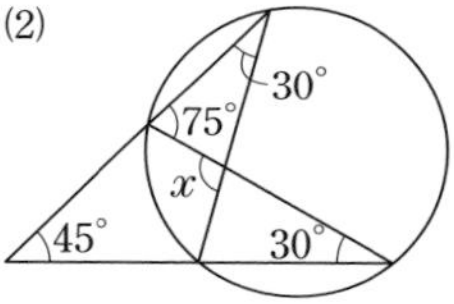

No. 39 三平方の定理①

❶ (1) $\boldsymbol{x=15}$　　(2) $\boldsymbol{x=2\sqrt{15}}$

❷ (1) $\mathbf{3\sqrt{3}\,cm}$　　(2) $\mathbf{\frac{9\sqrt{3}+27}{2}\,cm^2}$

❸ $\mathbf{2\sqrt{13}cm}$

❹ (1) $\mathbf{\sqrt{34}}$　(2) $\mathbf{\sqrt{41}}$

解説

❶(1)　$x^2=9^2+12^2$，$x^2=225$

$x>0$ だから，$x=15$(cm)

❷(1)　△ABH は，鋭角が30°，60°の直角三角形で，3辺の比が $1:2:\sqrt{3}$ だから，

$\mathrm{AH}=\frac{\sqrt{3}}{2}\mathrm{AB}=\frac{\sqrt{3}}{2}\times 6=3\sqrt{3}$(cm)

(2)　$\mathrm{BH}=\frac{1}{2}\mathrm{AB}=\frac{1}{2}\times 6=3$(cm)

△AHC は直角二等辺三角形だから，

HC＝AH＝$3\sqrt{3}$ cm

$\triangle\mathrm{ABC}=\frac{1}{2}\times(3+3\sqrt{3})\times 3\sqrt{3}$

$=\frac{9\sqrt{3}+27}{2}$(cm^2)

❸$\angle$OHA＝90°，AH＝BH＝6 cm だから，

$\mathrm{OA}^2=4^2+6^2$，$\mathrm{OA}^2=52$

OA＞0 だから，OA$=2\sqrt{13}$(cm)

❹(1)　$\mathrm{AB}=\sqrt{(6-1)^2+(5-2)^2}=\sqrt{34}$

(2)　$\mathrm{AB}=\sqrt{\{2-(-3)\}^2+(1-5)^2}=\sqrt{41}$

ANSWERS

No. 40 三平方の定理②

❶ **7 cm**

❷ (1) **$3\sqrt{3}$ cm**　(2) **$9\sqrt{3}\pi$ cm^3**

❸ (1) **$50\sqrt{2}$ cm^2**　(2) **$5\sqrt{2}$ cm**

(3) **$5\sqrt{7}$ cm**　(4) **$\dfrac{500\sqrt{7}}{3}$ cm^3**

解説

❶△FGH で，∠FGH＝90°より，
$FH^2=FG^2+GH^2$，$FH^2=6^2+2^2=40$
△BFH で，∠BFH＝90°より，
$BH^2=BF^2+FH^2$，$BH^2=3^2+40=49$
BH＞0 だから，BH＝7(cm)

❷(1)　$OH^2+AH^2=OA^2$，$OH^2=6^2-3^2=27$
OH＞0 だから，OH＝$3\sqrt{3}$(cm)

(2)　$\dfrac{1}{3}\times\pi\times3^2\times3\sqrt{3}=9\sqrt{3}\pi$(cm^3)

❸(1)　△OAB は二等辺三角形だから，AB の中点を M とすると，OM は△OAB の高さになる。
$OM^2=OA^2-AM^2=15^2-5^2=200$
OM＞0 だから，OM＝$10\sqrt{2}$(cm)
△OAB＝$\dfrac{1}{2}\times10\times10\sqrt{2}=50\sqrt{2}$(cm^2)

(2)　△ABC は直角二等辺三角形だから，
AC＝$\sqrt{2}$AB＝$10\sqrt{2}$(cm)
したがって，AH＝$5\sqrt{2}$cm

(3)　△OAHで，∠OHA＝90°より，
$OH^2=OA^2-AH^2=15^2-(5\sqrt{2})^2=175$
OH＞0 だから，OH＝$5\sqrt{7}$(cm)

(4)　$\dfrac{1}{3}\times10\times10\times5\sqrt{7}=\dfrac{500\sqrt{7}}{3}$(cm^3)

No. 41 標本調査／近似値

❶ (1) **母集団…生徒全員580人**
標本…選ばれた60人の生徒
(2) **60**

❷ **およそ389.8g**

❸ **およそ45個**

❹ (1) **$5.35\leqq a<5.45$**
(2) **2.70×10^4 m**

解説

❷各回に求めた平均の平均を求める。
(387.5＋389.0＋392.0＋390.5＋390.0)÷5
＝1949÷5＝389.8(g)

No. 42 総復習テスト(数学)

❶ (1) **$x^2+10x+25$**　(2) **$-2b^2+2ab$**

❷ (1) **$10\sqrt{2}$**　(2) **$-1+3\sqrt{3}$**

❸ (1) **$(x-3)(x-6)$**　(2) **$a=\dfrac{1}{2}$**
(3) **$\angle x=102°$**

❹ **3m**

❺ (1) **1：9**　(2) **1：27**

❻ **△ADC と△DEB において，二等辺三角形の底角は等しいから，**
∠ACD＝∠DBE　……①
∠ADB は，△ADC の外角だから，
∠ADB＝∠ACD＋∠CAD　……②
また，
∠ADB＝∠ADE＋∠BDE　……③
②，③から，
∠ACD＋∠CAD＝∠ADE＋∠BDE
仮定より，∠ADE＝∠ACD だから，
∠CAD＝∠BDE　……④
①，④より，2 組の角がそれぞれ等しいから，△ADC∽△DEB

❼ **$x=12$，$y=24$**

❽ (1) **$8\sqrt{2}$ cm**　(2) **$\dfrac{128\sqrt{2}}{3}\pi$ cm^3**

解説

❹通路を端《はし》によせて，花だんの面積を考える。
通路の幅を x m とすると，
$(15-x)(18-x)=180$
これを解いて，$x=3$，$x=30$
$0<x<15$ より，$x=3$

❽(1)　底面の半径を $x$cm とすると，
$2\pi x=2\pi\times12\times\dfrac{120}{360}$，$x=4$(cm)
円錐の高さは，$\sqrt{12^2-4^2}=8\sqrt{2}$(cm)

No.43 漢字の読み・書き

❶ (1) たな (2) くだ (3) あわ (4) さと (5) かたよ (6) はいし (7) せんたく (8) りれき (9) そえん (10) しょうれい

❷ (1) 癖 (2) 伏 (3) 崩 (4) 魂 (5) 滑 (6) 潤沢 (7) 間隔 (8) 魅力 (9) 衝撃 (10) 交換

解説 ❶ (7)「濯」は同じ部分をもつ「曜」、「躍」と混同しないように。
❷ (1)「癖」は、部首の「疒(やまいだれ)」を「广(まだれ)」と間違《まちが》えないように。(5)「滑」には「滑《なめ》らか」という訓読みもある。

No.44 漢語・和語・外来語／四字熟語

❶ (1) **ウ** (2) **ア** (3) **イ** (4) **イ** (5) **ア** (6) **ウ**

❷ (1) **イ・カ・キ・シ** (2) **ア・ウ・オ・ケ・コ・セ** (3) **エ・ク・サ・ス** ((1)〜(3)は各順不同)

❸ (1) 一・一 (2) 百・百 (3) 七・八 (4) 一・千 (5) 二・三 (6) 三・四

❹ (1) 半疑 (2) 石火 (3) 無欠 (4) 異口 (5) 針小 (6) 老若

解説 ❶ (2)「昼食《ちゅうしょく》」は**音読み**なので漢語、(3)「昼飯《ひるめし》」は**訓読み**なので和語。

No.45 慣用句／ことわざ／故事成語

❶ (1) 舌 (2) 肩 (3) 目 (4) 腕 (5) 首 (6) 胸

❷ (1) 途方(思案) (2) 水 (3) 筆舌

❸ (1) **イ** (2) **ア**

❹ (1) **イ** (2) **ウ** (3) **ア**

解説 ❶ (2)「肩《かた》を並べる」は、力が対等な様子を表す慣用句。(5)「首をかしげる」は、疑問に思う様子を表す慣用句。
❹ 故事成語は、**昔から伝えられてきた物語から生まれた言葉。** 中国の言い伝えによるものが多い。

No.46 助詞

❶ (1) **イ** (2) **エ** (3) **ア** (4) **ウ**

❷ (1) **イ** (2) **ウ** (3) **ア**

❸ (1) ても (2) しか (3) ばかり (4) ので

❹ (1) から・て・と・よ (2) ながら・を・の・は (3) が・ば・は・に・か ((1)〜(3)は各順不同)

解説 ❶ 助詞は、活用しない付属語。主に体言に付き、体言と下に続く語句との関係を示す**格助詞**、主に活用語に付き、いろいろな関係で前後をつなぐ**接続助詞**、いろいろな語句に付いて意味を添《そ》える**副助詞**、文の終わりに付いて気持ちや態度を示す**終助詞**の四種類がある。

No.47 助動詞

❶ (1) **ウ** (2) **オ** (3) **ア** (4) **エ** (5) **イ**

❷ (1) たく (2) なけれ (3) ような

❸ (1) **ア** (2) **イ** (3) **ア** (4) **ウ**

解説 ❶ 助動詞は、活用する付属語。いろいろな語に付き、語句や文に**いろいろな意味を添える。**
(4)「せる」は、他の人などに何かをさせるという意味の、**「使役《しえき》」の助動詞。**
❸ (2) **イ**「中学生らしい」で**一語の形容詞。**(3) **ア**の「ない」は**補助形容詞。**

No.48 助詞・助動詞の識別

❶ (1) **イ** (2) **ア** (3) **イ**

❷ **ウ**

❸ **ア**

❹ (1) **ア** (2) **イ** (3) **イ** (4) **ア**

ANSWERS

解説 ❶ 主に、格助詞は体言に、接続助詞は活用語に付く。(3)は活用語である助動詞「だ」に付いている。
❷ **ア**は形容動詞「きれいだ」の連用形の活用語《ご》尾《び》、**イ**は副詞「一斉《いっせい》に」の一部、**エ**は助動詞「ようだ」の連用形の活用語尾。
❸ **イ**は接続助詞「て」が濁音《だくおん》化したもの、**ウ**は形容動詞「元気だ」の連用形活用語尾、**エ**は材料を示す格助詞。
❹ (1)**イ・ウ**は形容動詞。**ア**は、体言「平和」＋助動詞「だ」。形容動詞の前には「とても」などが入れられるが、**ア**には入れられない。
(2)**ア・ウ**は過去、**イ**は存続の意味の助動詞「た」。
(3)**ア・ウ**は限定、**イ**は程度の意味の副助詞「ばかり」。
(4)**ア**は比喩《ひゆ》、**イ・ウ**は推定の意味の助動詞「ようだ」。比喩の場合は「まるで」が補える。

No. 49 小説①

❶ (1) 老人の表情は、かたい。
(2) **エ**
(3) 例 俊一郎の願いが、蛍をただ見たいということだったから。
(4) **イ**

解説 (2)老人は、俊一郎《しゅんいちろう》の、蛍《ほたる》の人工飼育のしかたを教えてほしいという申し出に対して、返答していることから考える。
(4)老人が顔をしかめたのは、蛍を客集めに使おうと考えた**ホテルの支配人の申し出に対する怒《いか》り**からである。

No. 50 小説②

❶ (1) 蛍をなんだと思っている　(2) **ア**
(3) 蛍の光が舞うのを見たい
(4) 天の川の星が群れ飛ぶように……
(5) やわらいだ表情

解説 (5)初めは俊一郎《しゅんいちろう》に対してかたい表情を見せていた老人だが、俊一郎が**自分と同じ願いをもっている**ことがわかったことで、表情をやわらげている。

No. 51 随筆《ずいひつ》①

❶ (1) 人間が自分たちの暮らしを邪魔立てする
(2) **A イ**　**B ア**　(3) **イ**
(4) 人間と野生のヒグマが共存する奇跡的な空間

解説 (3)「天真爛漫《てんしんらんまん》」は、「ありのままに、無《む》邪気《じゃき》にふるまう様子」を意味する四字熟語。ヒグマが、**自由に、ありのままに生きる様子**を表している。
(4)知床《しれとこ》は、ヒグマと人間が、互《たが》いに相手の世界を侵害《しんがい》することなく、**共存する関係**をもつことのできる空間である。

No. 52 随筆②

❶ (1) **エ**
(2) まことに正論だと私は思ったしだいである。
(3) **ア**
(4) 例 人間が排除されず、その中で生きられる生態系。

解説 (4)筆者の考える生態系とは、人間が排《はい》除《じょ》されたり孤立《こりつ》したりするものではなく、人間がその中に組み込《こ》まれているものである。

No. 53 説明文①

❶ (1) **B**
(2) 自然の変化を解読し、人はその年の追肥の組み立てを考える。
(3) **エ**
(4) 例 雑草と呼ばれる草は、ほとんどが稲科の植物だから。
(5) 根は懸命に

解説 (2)「土に働きかけ」るとは、**自然の変化を読み取り、それに対応した処置を土にするこ**

とである。

No.54 説明文②

❶ (1) 水の深さが
(2) 一面の稲が～を立てる。 (3) **イ**
(4) 歴史

解説 (1)同じ段落に、なぜ稲作《いなさく》に一定の深さの水が必要なのかが書かれている。
(4)筆者は、田を作るために風景をつくり変えてきた人の営みが、「**私たちの歴史**」だと述べている。

No.55 論説文①

❶ (1) 日常的(等身大) (2) **エ**
(3) あまりにアカデミックな世界に閉じ込もる(19字)
(4) 例自然との共生を考える科学。

解説 (4)筆者は、今までのような**自然を征服《せいふく》の対象とする科学ではない科学**の実践《じっせん》が必要だと考えている。

No.56 論説文②

❶ (1) **A ア** **B エ** **C イ** (2) **イ**
(3) なぜ、そん
(4) 川の水の～たりする(すること)

解説 (2)**イ**は本文末の内容と紛《まぎ》らわしいので注意。ただ「顕微鏡《けんびきょう》で微生物を観察する」だけでは、生態系(生物と環境《かんきょう》の全体的なつながり)の観察とはいえない。
(3)タンポポの分布の調査が、他の草花に対する興味へと発展するもとになることを、「**科学の種**」という言葉で表している。

No.57 俳句

❶ (1) **A**かな **B**かな **C**や **D**や
(2) **B**季語—すすき 季節—秋
E季語—大根(の葉) 季節—冬
(3) **イ** (4) **D** (5) **C** (6) **C・D**(順不同)

解説 (1)主な切れ字は、「**や・かな・けり**」。
(3)作者は、自分の喜びの感情を、木《こ》の実がしきりに落ちる様子に重ね合わせている。
(6)「体言止め」とは、**句末を体言(名詞)で終わらせる表現技法**である。

No.58 古文①

❶ (1) ⓐいたれば ⓑとえば
ⓒものもうすように
(2) 盗人 (3) **エ**
(4) 君達寄り来～みな召しつ
(5) 裸 (6) **ア**

解説 (3)「あさまし」と思ったのは盗人《ぬすびと》。盗人は、**史《さかん》が裸《はだか》で座っていたので驚《おどろ》いた**のである。
(6)この話は、史が盗人に襲《おそ》われる前に、自分で衣服を脱《ぬ》いで隠《かく》し、話を作って盗人に答えた、というものである。

現代語訳 盗人が近寄ってきて、車のすだれを引き上げて見ると、史が裸で座っていたので、盗人は意外なことに驚いて「これはどうしたことだ。」と尋《たず》ねると、史は「東の大宮大路《おおみやおおじ》で、このようになってしまいました。あなた様たち(の仲間)が近寄ってきて、私の衣服をみんな持って行ってしまいました。」と、笏《しゃく》を手に取って、高貴な方々に申し上げるように、かしこまって答えると、盗人は笑ってそのまま去って行った。

No.59 古文②

❶ (1) ⓐなお ⓑきょう ⓒとりあえぬ
(2) ①**イ** ③**ウ** ⑤**ア** (3) われも秋風
(4) **イ** (5) **ア**

解説 (4)作者の芭蕉《ばしょう》は、弟子の曾良《そら》とともに旅をしていたが、この**全昌寺《ぜんしょうじ》に来る前に、曾良の急病により**(曾良を縁者《えんじゃ》のいる伊勢《いせ》へ向かわせるために)、**別れた**のである。

現代語訳　全昌寺という寺に宿泊《しゅくはく》する。やはりまだ加賀《かが》の地である。曾良も前の夜、この寺に宿泊して、

よもすがら秋風聞くや裏の山

(一晩中吹《ふ》いている裏山の秋風の音が、一人で泊《と》まっている私の心には一段と寂《さび》しく感じられた。)

と残している。一夜《いちや》の隔《へだ》たりは、千里も距離《きょり》が離《はな》れているのと同じように寂しく感じられる。私も寂しく秋風の音を聞き、衆寮《しゅりょう》に伏《ふ》せていると、もう明け方近くなり、読経《どきょう》の声が澄《す》んで聞こえるうちに、食事の合図の鐘板《しょうばん》が鳴ったので食堂《じきどう》に入る。今日は越前《えちぜん》の国へ旅立とうと思い、慌《あわ》ただしく食堂を出ると、若い僧侶《そうりょ》たちが紙《かみ》や硯《すずり》を抱《かか》えて(私に句を書かせようと)、階段の下まで追ってきた。ちょうどその時、寺の庭の柳《やなぎ》が散っていたので、

庭掃《は》いて出《い》でばや寺に散る柳

(泊《と》めてもらったお礼に、庭に散る柳の落ち葉を掃き清めてから、出発したいものだ。)

取るものも取りあえず、という様子で、わらじを履《は》いたまま句を書いた。

No.60 漢文

❶ (1) ① 四十ニシテ而不レ惑ハ。
② 五十ニシテ而知ル二天命ヲ一。
(2) 心の欲する所(ところ)に従ひて
(3) **イ**　(4) **ウ**　(5) **イ**　(6) 耳順

解説　(1)①は一字前に返るのでレ点を、②は二字前に返るので一・二点を用いる。
(4)「学に志す」とは、「**これから学問の道に進み、極めようと考えた**」という意味。孔子《こうし》は十五歳《さい》のときに学問に対する志を抱《いだ》いたというのである。

現代語訳　先生(孔子)が、こうおっしゃった。「私は十五歳で学問の道を志した。三十歳のとき、その学問の道を確立した。四十歳になるといろいろ迷うことがなくなった。五十歳のときに天命を知った。六十歳のとき、人の言葉を素直に聞けるようになった。七十歳になると自分が思う通りにふるまっても、道をはずれることがなくなった。」と。

No.61 総復習テスト(国語)

❶ (1) ⓐ蓄積　ⓑ離　ⓒ割
(2) **エ**　(3) 霜柱の研究
(4) られ・た(順不同)　(5) **イ**

❷ (1) ⓐよせかえる　ⓑいみじゅう
ⓒあわれげに
(2) **イ**　(3) いみじうおもしろし
(4) **イ・ウ**(順不同)　(5) **ア**　(6) **エ**

解説　❶ (4)「得《え》」は下一段活用(「得る」の未然形)で、助動詞「られる」と接続している。「まで」と「て」は、助詞。
(5)「『自然を丸ごと捉《とら》え直す』科学」の意味を考える。
❷ (4)係りの助詞「なむ」を用いているので、**文末が終止形以外の形**(連体形)になっていることに注目。

現代語訳　にしとみという所の山は、絵をきれいに描《えが》いた屏風《びょうぶ》を立て並べてあるかのような眺《なが》めだ。片側は海で、浜《はま》の様子も、寄せては返す波の景色も、とてもすばらしい。

もろこしが原という所も、たいそう白い砂が続く中を、二、三日進む。「夏にはやまとなでしこの花が濃《こ》く薄《うす》く、まさに錦《にしき》を広げたように咲《さ》いています。今は秋も終わりですから、見られませんが。」と言うのだが、まだところどころにやまとなでしこがこぼれ残りながら、かれんに咲き広がっている。「もろこしという名のつく野原に、やまとと名のつく花が咲いていたとは。」などと言って、人々は趣《おもむ》深く感じた。

No. 62 水圧と浮力

❶ ① エ　② ウ　③ キ
❷ (1) B　(2) 1500 N
❸ (1) 0.6 N　(2) ① ウ　② ア

解説

❷ (1) 水圧《すいあつ》は，深さが深いほど大きい。
(2) 10000 Pa×(0.3×0.5)m^2＝1500 N
❸ (1) 1.8 N－1.2 N＝0.6 N
(2) 物体の水中部分の体積が大きいほど，浮《ふ》力《りょく》は大きくなる。深さには関係しない。

No. 63 力の合成・分解

❶ (1) ① 合成　② 合力　③ 平行四辺形
④ 分解　⑤ 分力
❷ (1) 下図1

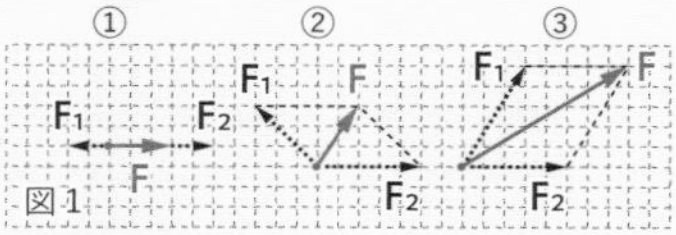

(2) 下図2

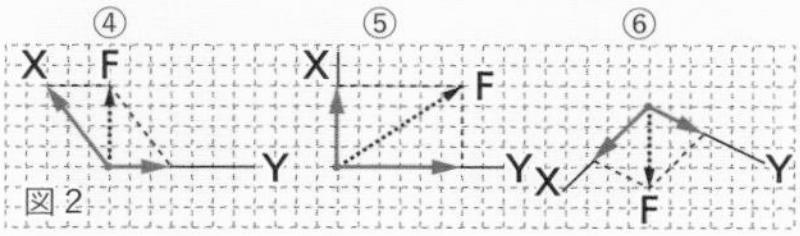

解説

❷ (1) 力F_1とF_2の矢印をとなり合う2辺とする平行四辺形をかき，対角線を引く。
(2) 力Fの矢印の先からX，Yに平行な直線を引き，X，Yの直線との交点を先端《せんたん》とする矢印をFの作用点から引く。

No. 64 物体の運動／作用・反作用

❶ (1) ① 一定　② 力　③ 速く（大きく）
(2) 121 cm/s
❷ (1) 0.1 秒　(2) 20 cm/s
(3) 等速直線運動　(4) 慣性
(5) 30 cm/s
❸ (1) ① 作用（反作用）　② 反作用（作用）
(2) C（と）D

解説

❶ (2) 6打点打つ時間は，$\frac{1}{60}$ s×6＝0.1 s

$$\frac{(21.9-9.8)\text{cm}}{0.1\text{ s}}=121\text{ cm/s}$$

❷ (2) b－d間の時間は0.2秒。

$$\frac{(1.6+2.4)\text{cm}}{0.2\text{ s}}=20\text{ cm/s}$$

(5) $\frac{3.0\text{ cm}}{0.1\text{ s}}=30\text{ cm/s}$

No. 65 仕事

❶ (1) 40 N　(2) 80 J　(3) 16 W
❷ (1) ① 25 N　② 6 m　(2) 150 J
(3) 同じである。（変化しない。）
(4) 仕事の原理
❸ (1) 0.6 J　(2) 1 N
(3) ① 大きくなる。　② 短くなる。
③ 同じである。（変化しない。）

解説

❶ (2) 40 N×2 m＝80 J
(3) $\frac{80\text{ J}}{5\text{ s}}=16\text{ W}$
❷ (1) ひもを引く力は 50 N×$\frac{1}{2}$＝25 N
ひもを引く距離《きょり》は 3 m×2＝6 m
(2) 25 N×6 m＝150 J
❸ (1) 2 N×0.3 m＝0.6 J
(2) ひもを引く距離は 60 cmだから，

$$\frac{0.6\text{ J}}{0.6\text{ m}}=1\text{N}$$

No. 66 エネルギー

❶ (1) C　(2) ① (正)比例　② 16 cm

❷ (1) ウ

(2) ① 小さくなる。(減少する。)

② 大きくなる。(増加する。)

(3) 力学的エネルギー

(4) 同じである。(変化しない。)

❸ ① オ　② ウ　③ カ　④ エ

解説

❶ (2)　②Aの4倍の，4 cm×4＝16 cm 動く。

No. 67 水溶液とイオン／電池

❶ ① 原子核　② 電子　③ 陽子

④ 中性子　⑤ 原子番号　⑥ 同位体

❷ (1) ① 電解質　② 非電解質

(2) イ，ウ，オ

(3) ① ㋐ Na^{+}　㋑ Cl^{-}

② ㋐ Cu^{2+}　㋑ $2Cl^{-}$

❸ (1) 銅　(2) Cu^{2+}，Cu

(3) 流れない。

解説

❸ (2)　銅板の表面では，水溶液《すいようえき》中の銅イオンが，亜鉛《あえん》板から流れてきた電子《でんし》を2個受けとって銅原子となり，銅板の表面に付着する。

(3)　同じ種類の金属板では電流は流れない。

No. 68 酸・アルカリ

❶ (1) ① イ，ウ ② ア

(2) ① H^{+}　② OH^{-}　(3) H_2

❷ (1) ① Cl^{-}　② H^{+}　(2) C

(3) 酸…イ，ウ　アルカリ…ア，エ，オ

解説

❷ (2)　水溶液中の水酸化物イオンが陽極《ようきょく》に引かれ，赤色リトマス紙を青色に変える。

No. 69 中和と塩

❶ (1) ① 陰　② 陽

(2) ① H^{+}，Cl^{-}　② Na^{+}，OH^{-}

(3) NaCl　(4) 水

❷ (1) 中性　(2) ウ

(3) ① 水素　② 水酸化物

(4) $H^{+}+OH^{-}\rightarrow H_2O$

解説

❶ (3)　塩化ナトリウムである。

(4)　水素イオン＋水酸化物イオン→水

❷ (1)　水溶液中にH^{+}があるときは酸性，OH^{-}があるときはアルカリ性，H^{+}もOH^{-}もないときは中性である。

(2)　Na^{+}とCl^{-}が結びついてNaCl（塩化ナトリウム）の塩《えん》ができる。

No. 70 エネルギー資源の利用

❶ (1) ① 位置　② 熱　③ 核

(2) ① 水力　② 火力

③ 原子力

(3) ⓐ ウ　ⓑ キ　ⓒ オ　ⓓ ア

❷ A…エ　B…ウ　C…ア　D…イ

解説

❶ (1)(2)　水力発電は，高い位置《いち》にある水の位置エネルギーを利用して発電する。火力発電は，化石燃料を燃焼させた熱で，原子力発電は，核分裂《かくぶんれつ》反応により発生する熱で水蒸気をつくり，タービンを回して発電する。

❷ バイオマス発電とは，農林業で廃棄物《はいきぶつ》としてあつかわれてきた作物の残りかすや家畜《かちく》のふん尿《にょう》，間伐材《かんばつざい》などを活用するものである。

No. 71 科学技術と人間

❶ (1) ア，イ，エ

(2) ① α線　② γ線　③ β線

(3) シーベルト

❷ (1) ① ウ　② カ　③ イ

(2) 炭素繊維

(3) リサイクル

解説

❶ (2)　電磁波《でんじは》とは光の一種で，可視光線《かしこうせん》や紫外線《しがいせん》，通信に使われる電波《でんぱ》なども電磁波の一種である。

❷ (1)　原子力発電は，二酸化炭素を排出《はいしゅつ》しない発電方法としての長所はあるが，使用ずみの核《かく》燃料からも放射線《ほうしゃせん》が出ているので管理には十分な注意が必要。

No. 72 細胞分裂

❶ (1) **C**　(2) ① **C**　② **A**
(3) ① **ふえる。**　② **大きくなる。**

❷ (1) ① **エ**　② **イ**
(2) **染色体**　(3) **E**
(4) ① **2**　② **同じ**　③ **体細胞分裂**

解説

❶ (2)　根の先端《せんたん》付近は，細胞分裂《さいぼうぶんれつ》がさかんに行われている。
(3)　生物は細胞分裂で細胞《さいぼう》の数をふやし，細胞分裂をしたそれぞれの細胞が大きくなることで成長していく。

❷ (1)　①塩酸に入れることにより，細胞分裂が止まり，ひとつひとつの細胞が離《はな》れやすくなる。
(3)　A→D→B→E→Cの順に分裂する。

No. 73 生物のふえ方

❶ (1) **花粉管**
(2) ① **やく**　② **柱頭**　③ **卵細胞**
④ **胚**　⑤ **種子**

❷ (1) ① **有性生殖**　② **無性生殖**
(2) ②　(3) **（2つに）分裂する。**

❸ (1) **P…卵巣**　**Q…精巣**
(2) **（A）→B→D→F→E→C**
(3) **発生**

解説

❸ (3)　1個の生物のからだができていく過程。

No. 74 遺伝の規則性

❶ ① **形質**　② **遺伝子**　③ **遺伝**
④ **DNA**　⑤ **有性**　⑥ **無性**

❷ (1) **B**　(2) **染色体**
(3) **減数分裂**
(4) **右図**

❸ (1) **Aa**　(2) **AA，Aa**
(3) **分離の法則**

解説

❷ (1)　無性生殖《むせいせいしょく》では，子は親と同じ遺伝子《いでんし》をもつため，**子の形質《けいしつ》は親と同じになる。**
(3)(4)　卵《らん》や精子《せいし》などの生殖細胞《せいしょくさいぼう》をつくるとき，染色体《せんしょくたい》の数が半分になるような特別な細胞《さいぼう》分裂《ぶんれつ》を，**減数分裂《げんすうぶんれつ》**という。Aの図では，親の染色体がそれぞれ半分になった生殖細胞が合体して子ができる。

❸ (2)　孫の遺伝子の組み合わせはAA，Aa，aaの3種類である。
(3)　対になっている遺伝子が，それぞれ分かれて別々の生殖細胞に入ることを，**分離《ぶんり》の法則**という。

No. 75 天体の動きと地球の自転

❶ (1) ① **自転**　② **日周運動**
(2) **西から東**

❷ (1) **北極星**　(2) **ウ**　(3) **45°**
(4) **自転**

❸ (1) **D**　(2) **I**　(3) **∠FOA（∠AOF）**
(4) **午前6時30分**

解説

❷ (1)〜(3)　北の空の星は，北極星を中心に反時計回りに1時間に15°動いて見える。午後8時は午後11時の3時間前だから，xは45°となる。

❸ (4)　太陽がIHを移動するのにかかる時間をxとすると，太陽は半球上を2時間で2.8 cm移動するため，

$$2時間：2.8\ \mathrm{cm}=x：2.1\ \mathrm{cm}$$

x＝1.5時間より，午前8時の1時間30分前。

No. 76 天体の動きと地球の公転①

❶ (1) **イ**　(2) **ウ**

❷ (1) **イ**　(2) **55°**
(3) ① **地軸**　② **公転**　③ **南中高度**

❸ (1) **66.6°**　(2) ① **ア**　② **ウ**
(3) **D**

ANSWERS

解説

❶ (2)　同じ時刻に見える星座（星）の位置は，1か月に約30°ずつ東から西へ動く。

❷ (2)　90°－35°＝55°

❸ (3)　南中《なんちゅう》高度が最も低いのは冬至《とうじ》の日。

No. 77 天体の動きと地球の公転②

❶ (1) **オリオン座**　(2) **イ**　(3) **ク**
(4) **午後８時ごろ**

❷ (1) **B**　(2) **D**　(3) **いて座**
(4) **公転**

❸ (1) **A…日の出の時刻**
B…日の入りの時刻　**C…南中高度**
(2) **昼の長さ**
(3) **長くなっている。**

解説

❶ (2)　恒星《こうせい》Rはしだいに西の空に沈《しず》む。

❷ (3)　Aの位置にある地球の日の入りの地点では，西に太陽，東にうお座が見え，いて座が南の空に見える。

No. 78 太陽と惑星／月の見え方

❶ (1) ① **A**　② **C**
(2) ① **明け方**　② **東の空**

❷ (1) ① **太陽が自転しているから。**
② **太陽が球形だから。**
(2) ① **気体**　② **6000**　③ **低い**

❸ (1) ① **D**　② **R**　(2) **B**

解説

❷ (2)　黒点《こくてん》の表面温度は約4000℃。

No. 79 自然界のつり合い／自然と人間

❶ (1) **食物連鎖**　(2) **A，B，C**
(3) **B…増加する。**　**D…減少する。**

❷ (1) **A…酸素**　**B…二酸化炭素**
(2) **ウ**　(3) **分解者**

❸ ① **イ**　② **エ**　③ **ウ**　④ **ア**

解説

❶ (3)　Cが一時的に増加すると，食べ物がふえるのでBは一時的に増加する。一方，Dは食べられる数がふえるので，一時的に減少する。

❷ (1)　Aは各生物が呼吸でとり入れる気体，Bは各生物が呼吸で出す気体。
(3)　Qに属する生物は，おもに菌類《きんるい》・細菌類《さいきんるい》や土の中の小動物である。

No. 80 総復習テスト（理科）

❶ (1) **0.1秒**　(2) **7.8**　(3) **1 m/s**
(4) ① **大きくなる。**　② **大きくなる。**
(5) ① **ア**　② **ウ**

❷ (1) **Cl_2**　(2) **銅**
(3) ① **電子を受けとる。**　② **２個**
(4) **ア**

❸ (1) **ウ→ア→オ→イ→エ**
(2) ① **ふえる。（多くなる。）**
② **小さくなる。**
(3) **半分$\left(\frac{1}{2}\right)$になっている。**
(4) **無性生殖**　(5) **ウ**

❹ (1) **南中高度**　(2) **A…b**　**C…d**
(3) ① **C**　② **A**
(4) ① **南**　② **おそく**　(5) **ふたご座**

解説

❶ (3)　$\frac{10.0\ \mathrm{cm}}{0.1\ \mathrm{s}} = 100\ \mathrm{cm/s} = 1\ \mathrm{m/s}$
(4)　同じ台車では，斜面《しゃめん》の傾《かたむ》きが大きいほど，台車にはたらく斜面方向の力が大きくなるため，速さの変化も大きくなる。

❷ (1)　陽極《ようきょく》から発生する気体は塩素である。
(2)(3)　銅イオンCu^{2+}が陰極《いんきょく》に引かれる。

❸ (1)　受精卵《じゅせいらん》は分裂《ぶんれつ》をくり返して，たくさんの細胞《さいぼう》からできた胚《はい》になっていく。
(3)　減数分裂《げんすうぶんれつ》という細胞分裂《さいぼうぶんれつ》が起こって，生《せい》殖細胞《しょくさいぼう》の染色体《せんしょくたい》の数は半分になる。

❹ (2)　Aは冬至《とうじ》，Bは春分・秋分，Cは夏至《げし》。
(4)　aは秋分，bは冬至である。

No. 81 二度の世界大戦と日本①

❶ (1) ① **日英同盟《どうめい》** ② **二十一か条の要求**
③ **全国水平社** ④ **平塚《ひらつか》らいてう《(ちょう)》**
(2) **ベルサイユ条約** (3) **イ**
(4) **X米騒動《こめそうどう》 Y原敬《はらたかし》**
(5) **大正《たいしょう》デモクラシー**
(6) [例] **満25歳《さい》以上のすべての男子。**
(7) **治安維持《いじ》法**

(解説) ❶ (1)③自ら平等を勝ち取り，差別からの解放を目指すために結成された。④女性差別からの解放を目指した。(2)パリ講和会議で結ばれた。(3)**ア**はドイツの権益《けんえき》，**ウ**は**三《さん》・一《いち》独立運動**が正しい。(4)**Y**原敬内閣は，ほとんどの大臣が衆議院で第一党の立憲政友会の党員で組織された。

No. 82 二度の世界大戦と日本②

❶ (1) ① **ブロック経済** ② **ニューディール（新規巻き直し）** ③ **ファシズム**
④ **満州《まんしゅう》国** ⑤ **二《に》・二六《にろく》** ⑥ **日中《にっちゅう》戦争**
⑦ **日独伊《にちどくい》三国同盟**
(2) **世界恐慌《きょうこう》** (3) **ウ**
(4) **国家総動員法** (5) **エ→ア→ウ→イ**

(解説) ❶ (1)②**ニューディール（新規巻き直し）政策**はローズベルト（ルーズベルト）大統領が行った政策。積極的に公共事業をおこし，失業者に仕事を与《あた》えた。(5)**ア**は1945年３月，**イ**は1945年８月14日，**ウ**は1945年８月６日・９日，**エ**は1942年のできごと。

No. 83 現代の日本と世界①

❶ (1) **マッカーサー** (2) **財閥《ざいばつ》** (3) **農地改革**
(4) **国民主権，基本的人権の尊重，平和主義（戦争の放棄《ほうき》）（順不同）**
(5) **教育基本法**
❷ ① **国際連合（国連）** ② **冷たい戦争（冷戦）**
③ **朝鮮《ちょうせん》戦争** ④ **サンフランシスコ平和条約**
⑤ **日米安全保障条約（日米安保《あんぽ》条約）**
⑥ **55年体制**

(解説) ❶ (1)GHQ《ジーエイチキュー》は連合国軍最高司令官総司令部の略称《りゃくしょう》。(3)農地改革の結果，自作農が大きく増加した。(4)日本国憲法は1946年11月３日に公布，翌年５月３日に施行《しこう》。
❷ ③朝鮮民主主義人民共和国（北朝鮮）はソ連・中国が，大韓民国《だいかんみんこく》（韓国）はアメリカ軍を中心とする国連軍が支援《しえん》した。④日本を資本主義国の一員とするため，講和が急がれた。⑤日本の安全と東アジアの平和を守るという理由で結ばれた。

No. 84 現代の日本と世界②

❶ (1) **X高度経済成長・ウ Yバブル・イ**
(2) ① **ウ** ② **イ** (3) **イ→ア→ウ→オ→エ**
(4) **A× B○ C× D×**

(解説) ❶ (1)**ア**カラーテレビは3C（新三種の神器）の１つで，1960年代後半～1970年代前半に急速に普及《ふきゅう》した。(2)②第四次中東戦争の影響《えいきょう》による**石油危機（オイル・ショック）**で，日本の高度経済成長は終わった。なお，**ア**は1989年，**エ**は1991年のできごと。(3)**ア**は1965年，**イ**は1956年，**ウ**は1972年，**エ**は1990年，**オ**は1978年のできごと。(4)**A**イランではなくアフガニスタンが正しい。**C**佐藤栄作《さとうえいさく》ではなく田中角栄《たなかかくえい》が正しい。**D**川端康成《かわばたやすなり》ではなく湯川秀樹《ゆかわひでき》が正しい。

No. 85 現代社会と私たち

❶ (1) ① **人工知能（AI《エーアイ》）** ② **情報リテラシー（メディアリテラシー）** (2) **グローバル化**
(3) **アジア** (4) **少子高齢《しょうしこうれい》**
❷ ① **核《かく》家族** ② **芸術** ③ **社会的存在**
④ **多数決** ⑤ **効率**

(解説) ❶ (1)②情報社会の現代では，情報リテラシー（メディアリテラシー）のほかに，情報モ

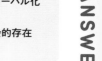

ラルをもつことも大切である。(4)**合計特殊出生《とくしゅしゅっしょう》率**が低下し，**平均寿命《じゅみょう》**がのびたことから，日本は少子高齢社会となっている。
❷ ①核《かく》家族世帯は夫婦だけ，または親と未婚《みこん》の子どもからなる家族形態。④多数決では，少数意見に配慮《はいりょ》することが大切である。

No.86 日本国憲法

❶ ① 人権宣言　② 大日本帝国《ていこく》憲法
③ 天皇　④ 立憲《りっけん》主義
❷ (1) 国民主権　(2) ① 象徴《しょうちょう》　② 国事行為《こうい》
(3) 基本的人権の尊重
(4) 平和主義（戦争の放棄《ほうき》）
(5) ① 総議員　② ３分の２以上
③ 過半数

(解説) ❶ Aルソーはフランスの人権思想家で，著書『社会契約《けいやく》論』で人民主権を唱えた。
❷ (2)②天皇は政治に対しての決定権をもたず，**国事行為**のみを行う。国事行為には，内閣総理大臣や最高裁判所長官の任命，法律や条約の公布などがある。

No.87 基本的人権の尊重

❶ (1) ① 経済活動　② 精神（精神活動）
③ 身体（生命・身体）
(2) ① 文化的　② 生存権
(3) 法　(4) ア，イ（順不同）
(5) ① 公共の福祉《ふくし》　② 教育，勤労
③ 知る権利，プライバシーの権利
④ 世界人権宣言，国際人権規約

(解説) ❶ (2)②**生存権**は，日本国憲法**第25条**で定められている。(4)**ウ**は請求《せいきゅう》権，**エ**は社会権に含《ふく》まれる。(5)①**公共の福祉《ふくし》**とは，大多数の人々の利益といった意味。

No.88 選挙と政党

❶ (1) 民主主義
(2) ① A普通《ふつう》選挙　B秘密選挙
② 比例代表制　③ 公職選挙法
(3) 間接民主制（議会制民主主義，代議制）
❷ (1) ① 与党《よとう》　② 野党
(2) 連立政権（連立内閣）
(3) 政権公約（公約，マニフェスト）
(4) ① 世論《せろん》　② マスメディア

(解説) ❶ (2)①A・Bのほかに，１人１票の**平等選挙**，候補者に直接投票する**直接選挙**の原則がある。②**比例代表制**は各政党の得票《とくひょう》に応じて議席を配分する選挙制度。衆議院議員選挙では比例代表制のほか，１つの選挙区で１人の代表者を選ぶ**小選挙区制**が採用されている。
❷ (4)①世論は政治を動かす力となる。②新聞，テレビ，ラジオ，雑誌など。

No.89 国会

❶ (1) ① 国権《こっけん》　② 立法
(2) ⓐ 4　ⓑ 6　ⓒ 25　ⓓ 30
(3) ① 解散　② 特別会（特別国会）
(4) 常会《じょうかい》（通常国会）
❷ (1) ① ウ　② ア　(2) イ，ウ（順不同）
(3) 例 衆議院は任期が短く解散があることから，国民の意思をより反映していると考えられるから。

(解説) ❶ (1)国会は，国の最高の意思決定機関であり，**法律を制定**できるのは国会のみである。(3)②特別会（特別国会）では，**内閣総理大臣《ないかくそうりだいじん》の指名**の議決が行われる。
❷ (2)**ア**の**国政調査権**は国の政治がどのように行われているかを調べる権限で，衆議院と参議院の両院に認められている。**オ**の**弾劾《だんがい》裁判所**は裁判官を辞めさせるかどうかを判断するために国会が設置する裁判所。

No.90 内閣

❶ (1) ① 国会議員　② 過半数
③ 行政　④ 連帯
(2) 議院内閣制《ぎいんないかくせい》　(3) 閣議《かくぎ》
(4) イ，オ（順不同）
(5) 例 10日以内に衆議院を解散するか総辞職する。　(6) 公務員
(7) ① 行政改革　② 規制緩和《かんわ》

解説　❶(2)議院内閣制は，18世紀のイギリスで確立された制度。内閣と国会は協力関係を保ちやすい。(3)閣議は，**全会一致《いっち》**が原則。(4)**ア**，**ウ**，**カ**は国会の仕事。(5)衆議院の解散後40日以内に衆議院議員総選挙が行われ，選挙後30日以内に特別会（特別国会）が召集《しょうしゅう》されて内閣は総辞職し，新たな内閣総理大臣が指名される。

No. 91　裁判所，三権の抑制と均衡

❶ (1) **三審制《さんしんせい》**　(2) **上告《じょうこく》**
(3) ① **原告《げんこく》**　② **被告《ひこく》**
(4) ① **ア**　② **エ**　③ **司法《しほう》**
(5) **裁判員制度**
❷ (1) **三権分立《さんけんぶんりつ》（権力分立）**
(2) ① **イ**　② **ア**　③ **ウ**　④ **エ**
(3) 例 **国家権力の集中を防ぎ，国民の権利と自由を守るため。**

解説　❶(1)人権の保障と，裁判の誤りを防ぐことが目的。(2)第一審の判決に不服な場合に上級の裁判所に裁判のやり直しを求めることを**控訴《こうそ》**という。(4)他の権力の干渉《かんしょう》を受けずに裁判が行われることを**司法権の独立**といい，そのために**裁判官の独立**や身分が保障されている。
❷(1)フランスの人権思想家モンテスキューが唱えた。(2)**ウ**法律や命令・規則・処分《しょぶん》などが憲法に違反《いはん》しているかどうかを判断する権限を**違憲《いけん》立法審査《しんさ》権**（違憲審査権，法令審査権）という。この権限はすべての裁判所がもっているが，最高裁判所が最終的な決定権をもっているため，「**憲法の番人**」と呼ばれる。

No. 92　地方自治

❶ (1) **民主主義**　(2) **イ**　(3) **地方分権**
(4) **条例**　(5) **ア**　(6) **Aア　Bア　Cイ**
(7) **リコール**　(8) ① **イ，ウ（順不同）**
② 例 **自主財源《ざいげん》の割合が小さいこと。**

解説　❶(1)地方自治は地域の実情に合った政治の実現や，住民意思を尊重した政治の実現がねらい。(2)地方裁判所裁判官の任命は内閣の仕事。(8)①**国庫支出金**は，国が使いみちを指定して支出するお金。**地方交付税交付金**は，地方財政の格差を是正《ぜせい》するために国が支出するお金。②国庫支出金，地方交付税交付金，地方債《さい》からなる依存《いぞん》財源の割合より，自主財源の地方税の方が割合が小さいことが読み取れる。

No. 93　消費生活と経済

❶ (1) **家計**　(2) ① **エ**　② **ウ**
(3) **（財）ウ，エ　（サービス）ア，イ（順不同）**
(4) ① **クーリング・オフ（制度）**
② **製造物責任法（PL《ピーエル》法）**
(5) **流通**　(6) **商業**

解説　❶(1)財やサービスの生産・流通・消費のしくみを**経済《けいざい》**という。(2)情報通信技術（ICT《アイシーティー》）の発達を背景に，交通・通信費の割合が大きく増えている。(3)**財**は形のある商品で，**サービス**は形のない商品。(5)近年，流通のしくみを簡略化して，流通にかかる費用を削減《さくげん》する流通の合理化が進んでいる。

No. 94　生産のしくみと労働

❶ (1) **土地（自然），労働力，設備（資本，資本財）（順不同）**
(2) **X株主総会　Y配当（配当金）**
(3) ① **株式**　② **利潤《りじゅん》（利益）**　③ **私企業《しきぎょう》**
(4) **CSR《シーエスアール》**　(5) **労働基準法**
(6) **ワーク・ライフ・バランス**
(7) **非正規労働者（非正社員）**

解説　❶(2)**Y株主**は所有する株式に応じて**配当（配当金）**を受け取ることができる。(3)③国や地方公共団体などが，公共の利益を目的に経営するのが公企業。(5)**労働基準法**，労働組合法，労働関係調整法の３つを労働三法という。

No. 95　市場経済のしくみと金融

❶ (1) **a**
(2) ① **上昇《じょうしょう》**　② **下落**　③ **均衡《きんこう》価格**
(3) ① **独占《どくせん》**　② **独占禁止法**
③ **公正取引委員会**
(4) **公共料金**
(5) **ⓐ発券銀行　ⓑ政府の銀行**

ⓒ銀行の銀行
(6) ① **デフレーション（デフレ）**
② 例 **銀行から国債《こくさい》などを買い，銀行の資金量を増やす。**

解説　❶ (1)市場経済のもとでは，需要《じゅよう》量と供《きょう》給《きゅう》量の関係で商品の価格が決まる。(4)国民生活に大きな影響《えいきょう》をおよぼす価格（料金）を**公共料金**としている。

No. 96 財政と福祉

❶ (1) **Aイ　Bア**　(2) ① **間接税**　② **ア**
(3) 例 **所得が多くなるほど税率が高くなる制度。**
(4) **ア, ウ（順不同）**　(5) ① **ウ**　② **イ**
(6) **環境《かんきょう》基本法**　(7) **循環型《じゅんかんがた》社会**

解説　❶ (1)国の歳入《さいにゅう》は，**租税《そぜい》**（税金）と**公債《こうさい》金《きん》**が大部分を占《し》める。(2)①税金を納める人と負担する人が同じ税を**直接税**という。(4)不景気（不《ふ》況《きょう》）のときは，**イ・エ**を行う。(5)**エ**は予防接種などの国民の健康を増進させることを目的に行う制度。

No. 97 国際社会と世界平和

❶ (1) **主権，領域，国民（住民）（順不同）**
(2) **国際法**　(3) **南北問題**　(4) **エ**
❷ (1) **持続可能な開発目標（SDGs《エスディージーズ》）**
(2) ① **総会**　② **安全保障理事会（安保理《あんぽり》）**
(3) 例 **拒否《きょひ》権をもつ常任理事国が反対したから。**

解説　❶ (4)**ア**は環太平洋《かんたいへいよう》経済連携《れんけい》協定，**イ**は東南アジア諸国連合，**ウ**は米国・メキシコ・カナダ協定の略称《りゃくしょう》である。
❷ (1)「貧困をなくそう」「飢餓《きが》をゼロに」などの17の国際目標が示された。(3)常任理事国は１か国でも反対すると決議できない拒否権を持つ。

No. 98 さまざまな国際問題

❶ (1) **X化石燃料　Y難民《なんみん》**
(2) ① **A温室効果ガス　（気体）二酸化炭素（CO_2）**　② **パリ協定**
(3) **ウ**
(4) ① **テロリズム（テロ）**　② **核《かく》拡散防止条約（NPT《エヌピーティー》，核兵器不拡散条約）**
(5) **ODA《オーディーエー》**

解説　❶ (2)①**A**二酸化炭素，メタンガス，フロンガスなど。②**パリ協定**では，先進工業国だけでなく発展途上《とじょう》国を含《ふく》めた196の国と地域が対象となり，世界の平均気温の上昇《じょうしょう》を産業革命以前と比べて２度未満にすることが目標とされた。(5)ODAは政府開発援助《えんじょ》の略称《りゃくしょう》。

No. 99 総復習テスト（社会）

❶ (1) ① **五《ご》・一五《いちご》**　② **二《に》・二六《にろく》**
(2) **X犬養毅《いぬかいつよし》**　② **Y政党**　(3) **広島**
(4) **ポツダム**
(5) **日米安全保障（日米安保《あんぽ》）**　(6) **沖縄**
❷ (1) ① **ウ, カ**　② **イ, エ**　③ **ア, オ（順不同）**
(2) ① **ウ**　② **エ**
❸ (1) **二院制（両院制）**　(2) **議院内閣制**
(3) **政令**　(4) ① **三審制《さんしんせい》**　② **控訴《こうそ》**
(5) ① **ウ**　② **オ**
❹ (1) **イ**　(2) **間接金融《きんゆう》**　(3) **円高《えんだか》**
(4) ① **社会保険**
② **安全保障理事会（安保理）**

解説　❶ (2)Y政党政治が終わり，政治における軍部の力が強くなった。(5)**日米安全保障（日米安保）条約**の締結《ていけつ》により，アメリカ軍基地が日本国内に残されることになった。
❷ (1)**ウ・カ**は，主権者としての国民の政治参加，**エ**は，裁判《さいばん》段階での人権保障。
❸ (2)立法と行政の関係には，**議院内閣制**のほかに，アメリカなどが採用している大統領制がある。
❹ (1)供給量は売ろうとする量，需要《じゅよう》量は買おうとする量。供給量が需要量を上回ると商品が売れ残ってしまうため，価格は下がる。(3)**円高**は外国の通貨に対して円の価値が上がることをいう。反対に，外国の通貨に対して円の価値が下がることを**円安《えんやす》**という。